新学習指導要領対応

小学 5 年生

学校でも、家庭でも
教科書レベルの力がつく!

国語 習熟プリント

大判サイズ

学力の基礎をきたえどの子も伸ばす研究会
松井 憲三 著　金井 敬之 編

これならできた!

清風堂書店

はじめに

本書は、発売以来三十年以上も学校や家庭で支持され、歴史を積み重ねてきました。
それは、「勉強に苦手意識のある子どもを助けたい。」という私たちの願いを皆様に感じ取っていただけたからだと思います。
今回の改訂では、より子どもの学習の質を高める特長を追加しました。

変わらない特長

○通常のステップよりも、さらに細かくスモールステップにする。
○大事なところは、くり返し練習して習熟できるようにする。
○教科書レベルの力がどの子にも身につくようにする。

新しい特長

○読みやすさ、わかりやすさを考えた「太めの手書き風文字」
○解答は、本文を縮小し、答えのみ赤字で表した「答え合わせがしやすい解答」
○随所に、子どもの意欲・自己肯定感を伸ばす「ほめる・はげます言葉」
○学校でコピーする際に便利な「消えるページ番号」
（※本書の「教育目的」や「私的使用の範囲」以外での印刷・複製は、著作権侵害にあたりますのでおやめください。）


小学校の国語科は、学校で使用する教科書によって、進度・内容が変わります。

そこで本書では、前述の特長を生かし、どの子にも力がつく学習ができるように工夫をしました。

まず、「文字学習」「語彙学習」「文法学習」「読解学習」といった幅広い学習内容に対応し、子ども一人一人の目的に合わせた学習を可能にしました。

また、ポイントの押さえ方がわかる構成と、基本に忠実で着実に学力をつけられる問題で、苦手な子でも自分の力で取り組めるようにしています。

文章を「読む力」「書く力」は、どんな時代でも必要とされる力です。

本書が、子どもたちの学力育成と、「わかった！」「できた！」と笑顔になる一助になれば幸いです。

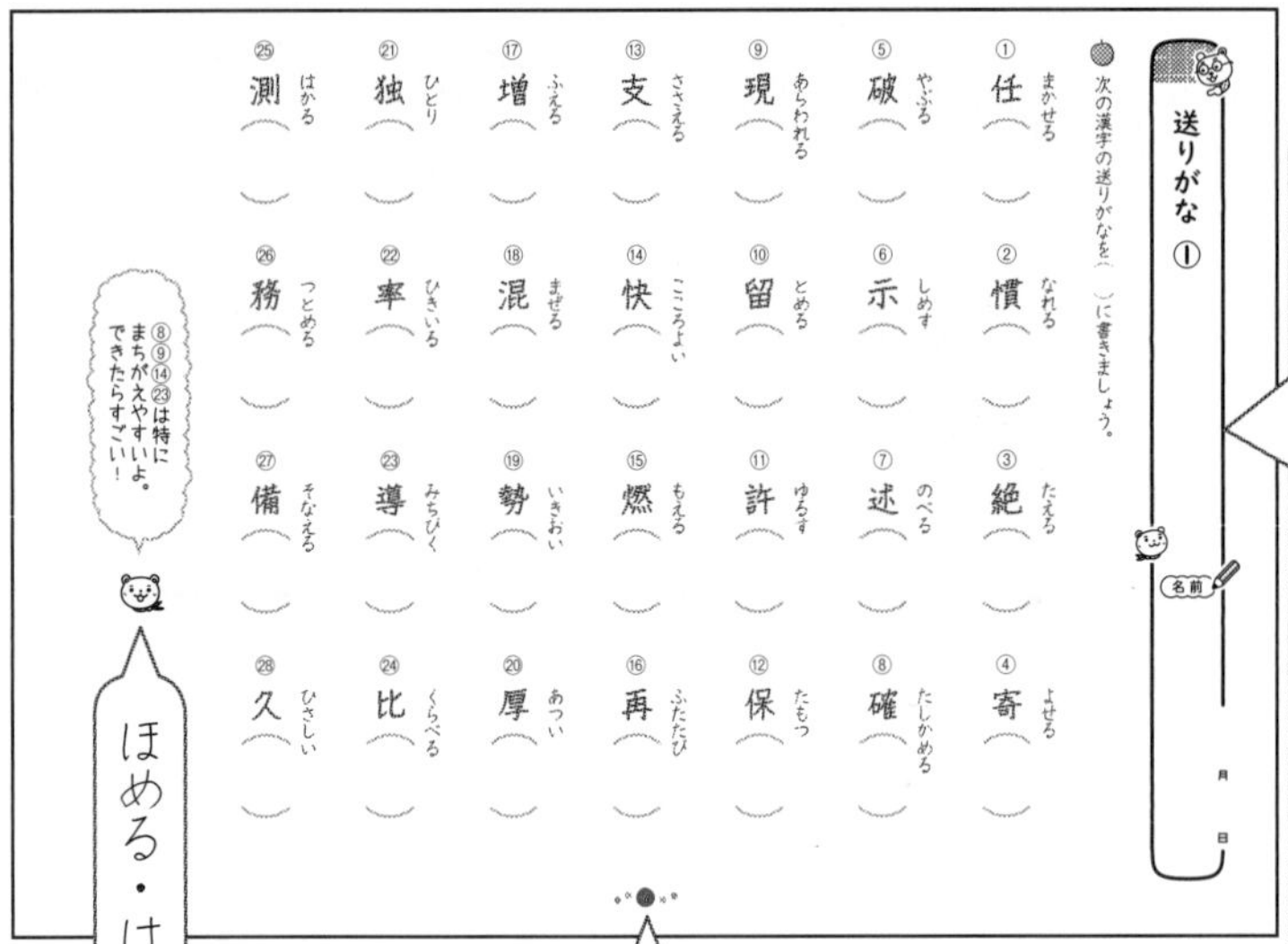

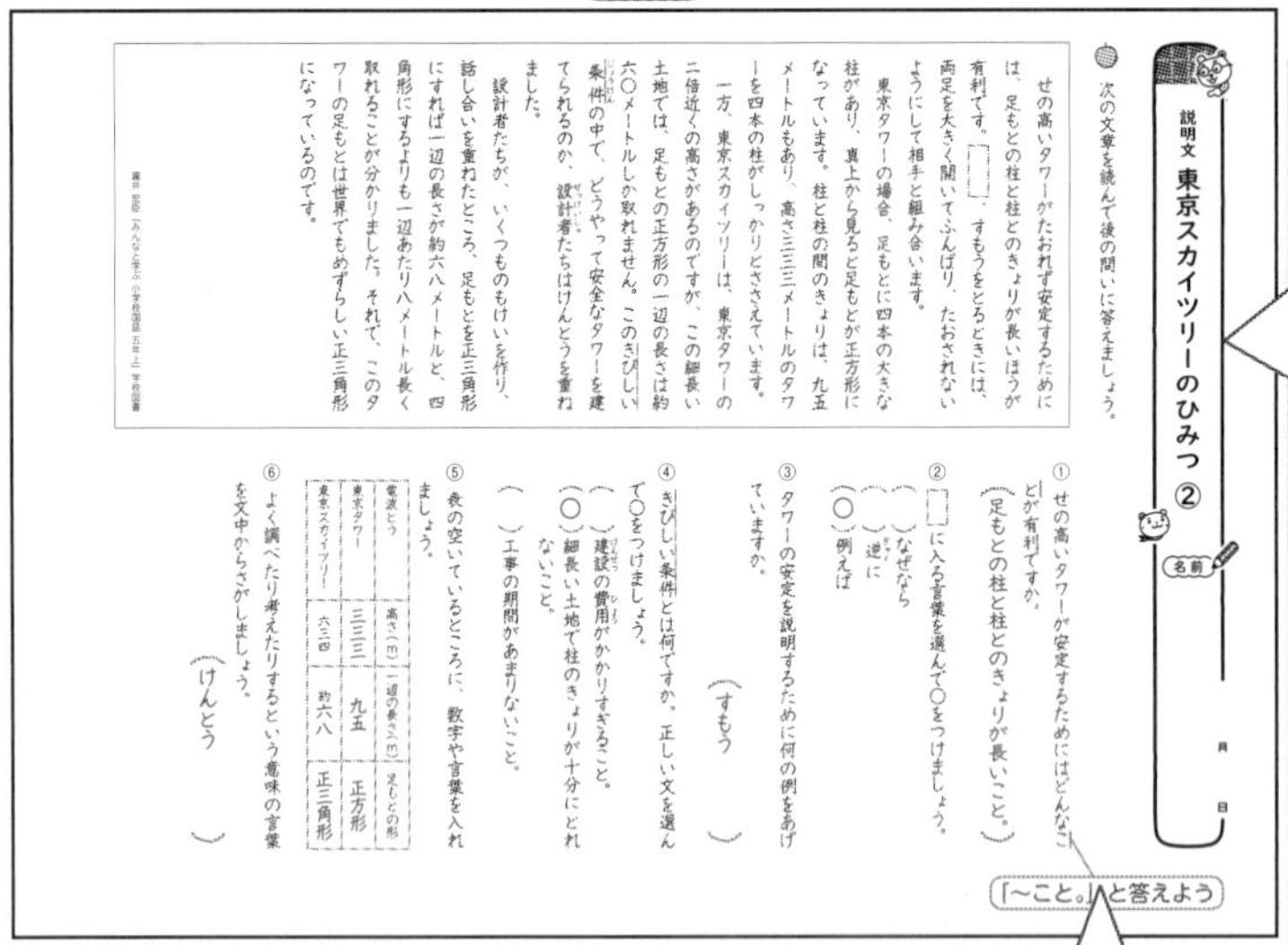

説明文 東京スカイツリーのひみつ ②
解答は、問題が白黒、答えが赤だから、答えが一目でわかる。○つけがカンタン！
ワンポイントアドバイスつき！

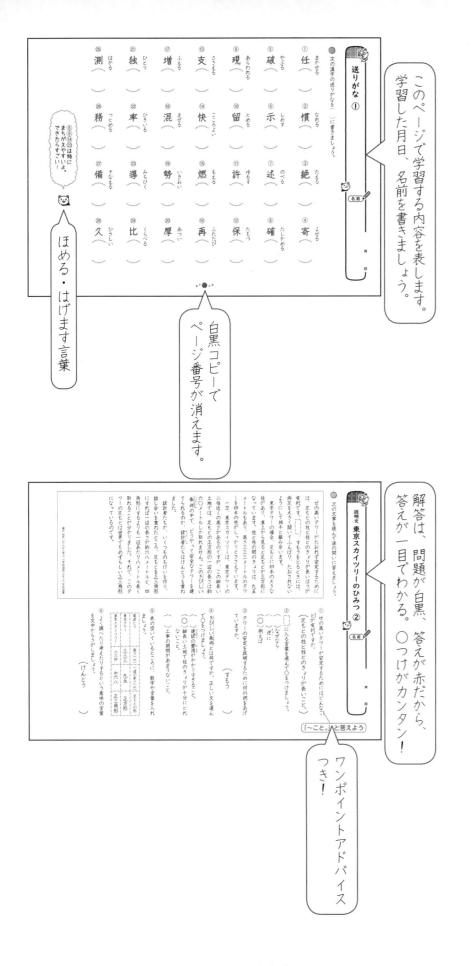

送りがな ①
このページで学習する内容を表します。学習した月日、名前を書きましょう。
白黒コピーでページ番号が消えます。

国語習熟プリント五年生　目次

送りがな ①

名前

月　日

次の漢字の送りがなを（　）に書きましょう。

① 任　まかせる（　　）
② 慣　なれる（　　）
③ 絶　たえる（　　）
④ 寄　よせる（　　）
⑤ 破　やぶる（　　）
⑥ 示　しめす（　　）
⑦ 述　のべる（　　）
⑧ 確　たしかめる（　　）
⑨ 現　あらわれる（　　）
⑩ 留　とめる（　　）
⑪ 許　ゆるす（　　）
⑫ 保　たもつ（　　）
⑬ 支　ささえる（　　）
⑭ 快　こころよい（　　）
⑮ 燃　もえる（　　）
⑯ 再　ふたたび（　　）
⑰ 増　ふえる（　　）
⑱ 混　まぜる（　　）
⑲ 勢　いきおい（　　）
⑳ 厚　あつい（　　）
㉑ 独　ひとり（　　）
㉒ 率　ひきいる（　　）
㉓ 導　みちびく（　　）
㉔ 比　くらべる（　　）
㉕ 測　はかる（　　）
㉖ 務　つとめる（　　）
㉗ 備　そなえる（　　）
㉘ 久　ひさしい（　　）

⑧⑨⑭㉓は特に
まちがえやすいよ。
できたらすごい！

送りがな ②

名前

月　日

1 次の言葉で、送りがなの正しい方に○をつけましょう。

① （　）飲み水　（　）飲水

② （　）種明かし　（　）種明し

③ （　）間近　（　）間近か

④ （　）氷水　（　）氷り水

⑤ （　）切り口　（　）切口

⑥ （　）話合い　（　）話し合い

⑦ （　）落し物　（　）落とし物

⑧ （　）行き止り　（　）行き止まり

⑨ （　）短い文　（　）短かい文

2 次の漢字の送りがなを（　）に書きましょう。

① こころざす　志（　　）

② やさしい　易（　　）

③ せめる　責（　　）

④ さからう　逆（　　）

⑤ けわしい　険（　　）

⑥ きずく　築（　　）

⑦ かまえる　構（　　）

⑧ もうける　設（　　）

⑨ まよう　迷（　　）

⑩ いとなむ　営（　　）

⑪ たがやす　耕（　　）

⑫ あばれる　暴（　　）

かなづかい①

名前

月　日

1 次の漢字の読みがなを書きましょう。

① 地上（　）

② 地面（　）

③ 知事（　）

④ 鼻血（　）

⑤ 血豆（　）

⑥ 政治（　）

⑦ 治水（　）

⑧ 人質（　）

⑨ 軽重（　）

⑩ 布地（　）

⑪ 中心（　）

⑫ 顔中（　）

⑬ 底力（　）

⑭ 重力（　）

⑮ 近々（　）

2 次の漢字の読みがなで、正しい方に○をつけましょう。

① 図表　（　）づひょう　（　）ずひょう

② 地図　（　）ちず　（　）ちづ

③ 気付く　（　）きづく　（　）きずく

④ 続く　（　）つずく　（　）つづく

⑤ 常々　（　）つねずね　（　）つねづね

⑥ 頭上　（　）ずじょう　（　）づじょう

⑦ 世界中　（　）せかいじゅう　（　）せかいぢゅう

⑧ 三日月　（　）みかずき　（　）みかづき

⑨ 手作り　（　）てづくり　（　）てずくり

⑩ 小包み　（　）こづつみ　（　）こずつみ

かなづかい ②

名前　　　　月　　日

次の文で、かなづかいがまちがっている文字の右側に線を引き、書き直しましょう。

① おとおとわ、いもおとと　せえくらべを　した。

② きょう、ぼくは、とうくの　まちえ　行った。

③ おうきい　こうりお　ちいさく　わろお。

④ おとおさんは、こおじょうえ　はたらきに　いつて　いる。

⑤ おぢさんわ、とても　まづしい　くらしお　して　いました。

⑥ づこうの　ぢかんに　おおぎの　えお　かいた。

⑦ おねいさんは、ええごを　ならって　います。

⑧ わたしの　ゆうとうりに　すると　まちがいわ　ない。

⑨ 「こんにちわ、よおこそ　おこし　くださいました。」

⑩ きのお、うんどうかいで　つまづいて　しまった。

敬語 ①

名前

月　日

1 敬語《けいご》には、三種類の言い方があります。次の①〜③の言い方は何ですか。[　]から選んで記号を書きましょう。

① 相手や会話の中の人をうやまい、高める気持ちを表す言い方。
〈例〉来られる、お読みになる、ご出発になる、いらっしゃる、なさる

② 自分がへりくだることで、相手をうやまう気持ちを表す言い方。
〈例〉お聞きいたします、お伝え申し上げる、さしあげる、いただく、うかがう、お目にかかる

③ 会話のときなど、話し手がていねいな気持ちを表す言い方。
〈例〉〜です、〜ます、ございます、お米、ご本

ア 尊敬語《そんけいご》　イ ていねい語　ウ けんじょう語

2 ①〜⑥の文で、——の言葉は、**1**のア・イ・ウのどれにあたりますか。記号を書きましょう。

① 父の友人が、今日いらっしゃるそうです。

② ぼくは、昨日えい画《が》を見に行きました。

③ 先生から年賀状《ねんがじょう》をいただきました。

④ 外国の首相が日本の絵をごらんになった。

⑤ 校長先生の荷物をお持ちしました。

⑥ お客様がお帰りになった。

敬語 ②

名前

月　日

1 次の文の敬語《けいご》の意味で、正しいものに○をつけましょう。

① 先生が仕事をなさった。

（　）やめた。　（　）した。

（　）なくした。

② 王様が静かにおっしゃった。

（　）おりた。　（　）おがんだ。

（　）言った。

③ わたしがすぐにまいります。

（　）行きます。　（　）まっています。

（　）まいってしまいます。

2 次の文に合うように、——の言葉を尊敬語《そんけいご》かけんじょう語に書き直しましょう。

① 先生が、ぼくの作品を見た。

② 校長先生に、自分の考えを言った。

③ おぼうさんが、お寺に帰ってきた。

④ 友人の母親からケーキをもらった。

⑤ 先生が、勉強の仕方を教えてくれた。

⑥ お医者さんにご都合をたずねた。

⑦ 校長先生が、ご自分の考えを言った。

⑧ お客様にお茶を出した。

慣用句 ①

名前

月　日

1 ①〜④の意味になる慣用句《かんようく》を、[ ]から選んで（　）に記号を書きましょう。

① おしゃべりで時間を使う　（　）

② きびしく責《せ》める　（　）

③ 仕事に調子が出る　（　）

④ 他人の感情《かんじょう》などに働きかけて、いっそうさかんにする　（　）

ア あぶらがのる

イ あぶらを売る

ウ あぶらをそそぐ

エ あぶらをしぼる

2 ①〜⑧の意味になる慣用句を、[ ]から選んで（　）に記号を書きましょう。

① 頭が上がらない　（　）

② 頭が下がる　（　）

③ 頭が低い　（　）

④ 頭をかかえる　（　）

⑤ 頭をかく　（　）

⑥ 頭をもたげる　（　）

⑦ 頭が切れる　（　）

⑧ 頭をひねる　（　）

ア よい考えがうかばずに、考えこむ

イ 相手のほうが力が上で、いばれない

ウ 感心させられる

エ あれこれ工夫しながら考える

オ 頭の回転が速い

カ 失敗して、てれたりはずかしがる様子

キ かくれていた物事や考えなどが表面に出てくる

ク 他人に対してていねいである

慣用句 ②

名前

月　日

次の①〜⑱は、体の部分を使った慣用句《かんようく》です。（　）にあてはまる言葉を□から選んで書きましょう。

① （　　）から手が出るほどほしい。

② 失敗して（　　）を落とす。

③ （　　）がぼうになるほどつかれた。

④ 仕事に（　　）を貸《か》してあげる。

⑤ あまりの大金に（　　）がくらんだ。

⑥ 成績《せいせき》が良いので（　　）が高い。

⑦ おしゃべりで（　　）の軽い人だ。

⑧ おばけを見て（　　）がぬけた。

⑨ 感心して（　　）を打つ。

⑩ あまりのすごさに（　　）をまく。

⑪ （　　）にたこができるほど聞いた。

⑫ おれの（　　）をつぶす気か！

⑬ はてな、と（　　）をかしげる。

⑭ 最近、料理の（　　）をあげた。

⑮ 希望に（　　）をふくらませる。

⑯ むずかしすぎて（　　）が立たない。

⑰ どなられて（　　）を冷やした。

⑱ 少しの練習だけで（　　）を出した。

顔　目　耳　鼻　口　した　あご　のど　うで　首
むね　歯　きも　足　手　ひざ　こし　かた

熟語①

名前

月　日

二字熟語《じゅくご》は、組み立て方により次のように分けられます。

ア　上の漢字が下の漢字の表す意味をくわしくしている。○→△
〈例〉大木（大きな木）、新年（新しい年）

イ　下の漢字の意味が上の漢字の意味にかかっている。○←△
〈例〉消火（火を消す）、読書（書を読む）

ウ　対になる漢字を組み合わせている。○↔△
〈例〉高低、左右、天地

エ　似《に》た意味を表す漢字を組み合わせている。○＝△
〈例〉岩石、道路、暗黒

オ　上の漢字が下の漢字を打ち消すようにできている。×←○
〈例〉未定、不幸、非行《ひこう》

● 次の二字熟語の読みがなを（　）に書き、右から合う記号を選んで□に書きましょう。

①衣服（　　）□
②終始（　　）□
③円形（　　）□
④開花（　　）□
⑤不便（　　）□
⑥提案（　　）□
⑦湖水（　　）□
⑧苦楽（　　）□
⑨永久（　　）□
⑩研究（　　）□
⑪往復（　　）□
⑫無事（　　）□

熟語 ②

名前

月　日

1 次の言葉の反対の意味の熟語《じゅくご》を書きましょう。

① 生産（　　）
② 反対（　　）
③ 安心（　　）
④ 苦手（　　）
⑤ 結果（　　）
⑥ 成功（　　）
⑦ 過去《かこ》（　　）
⑧ 解散《かいさん》（　　）
⑨ 人工（　　）
⑩ 増加《ぞうか》（　　）

2 □の中から、反対の意味を持つ漢字を二字組み合わせて、熟語をつくりましょう。

負　弱　暗　楽
売　明　強　苦
買　無　勝　有
来　害　加　自
他　往　利　減

（　　）（　　）（　　）（　　）（　　）
（　　）（　　）（　　）（　　）（　　）

熟語③

名前

月　日

❶ 次の漢字と意味の似《に》た漢字を［　］から選んで、熟語《じゅくご》を作りましょう。

① 岩ー［　］

② 希ー［　］

③ 生ー［　］

④ 起ー［　］

⑤ 建ー［　］

⑥ 森ー［　］

⑦ 品ー［　］

⑧ 容《よう》ー［　］

⑨ 豊《ほう》ー［　］

易《い》　望　林　富　立　築《ちく》　産　石　物

❷ ［　］の中の漢字から、意味の似た二字を選んで熟語を作りましょう。

学　身　救《きゅう》
失　助　童
連　護《ご》　児
識《しき》　序《じょ》　消
体　続　知
習　守　順

対義語

名前

月　日

1 次の言葉の対義語《たいぎご》を書きましょう。

① 始まる ― □

② 深い ― □

③ 遠い ― □

④ 借りる ― □

⑤ 勝つ ― □

⑥ 熱い ― □

⑦ からい ― □

⑧ 有る ― □

⑨ 進む ― □

⑩ 増《ふ》える ― □

2 次の□の中に対義語になるよう、[　]の中から一字選んで書きましょう。

① □質《しつ》 ― □質

② □所 ― □所

③ □日 ― □日

④ □算 ― □算

⑤ □手 ― □手

⑥ □部 ― □部

⑦ □利 ― □利

⑧ □読み ― □読み

⑨ □接《せつ》 ― □接

⑩ □天 ― □天

長　朝　悪　上　有　直　暗　晴　短　良

不　間　筆　一　音　夕　下　全　訓　雨

類義語

名前

月　日

① 次の熟語《じゅくご》の類義語《るいぎご》を［　］から選んで［　］に書きましょう。

① 用心 ［　］
② 静養 ［　］
③ 賛成《さんせい》 ［　］
④ 自然 ［　］
⑤ 短所 ［　］
⑥ 返事 ［　］
⑦ 案外 ［　］
⑧ 結果 ［　］
⑨ 首府 ［　］
⑩ 光景 ［　］

注意　結末　首都　天然　風景　返答　意外　安静　同意　欠点

② 次の熟語の類義語に○をつけましょう。

① 永久《えいきゅう》　（　）永年　（　）永遠
② 成長　（　）発育　（　）成功
③ 発達　（　）進歩　（　）達成
④ 勝負　（　）勝利　（　）勝敗
⑤ 性質《せいしつ》　（　）特性　（　）性格《せいかく》
⑥ 代金　（　）料金　（　）貯金《ちょきん》
⑦ 基本《きほん》　（　）本来　（　）根本
⑧ 名人　（　）有名　（　）名手

同音異義語 ①

名前

月　日

次の文に合う熟語《じゅくご》を□に書きましょう。

①
□《いし》の強い人。
□《いし》に薬をもらった。

②
□《えんげい》植物
□《えんげい》大会

③
天気は□《かいせい》だ。
規則《きそく》を□《かいせい》する。

④
試合を□《さいかい》する。
久《ひさ》しぶりに□《さいかい》した。

⑤
問題の□《かいとう》を教える。
質問《しつもん》に□《かいとう》する。

⑥
部下に□《しじ》する。
とう芸家《げいか》に□《しじ》する。

⑦
工作が□《かんせい》する。
□《かんせい》が豊《ゆた》かだ。

⑧
サンマの□《たいりょう》だ。
□《たいりょう》の水を運ぶ。

⑨
正しいことを□《しょうめい》する。
□《しょうめい》を明るくする。

⑩
□《えいせい》放送
□《えいせい》検査《けんさ》

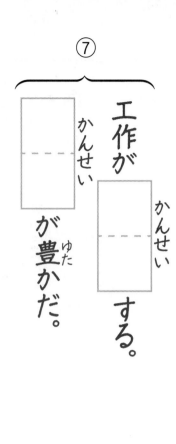

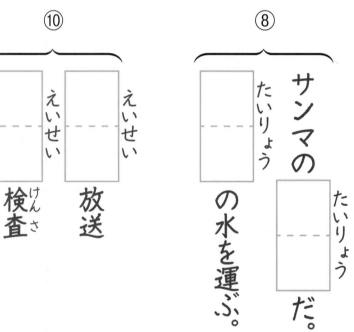

同音異義語 ②

名前

月　日

次の熟語《じゅくご》や文に合う漢字を□に書きましょう。

①
校庭を□□《かいほう》する。
病状《びょうじょう》が□□《かいほう》に向かう。

②
親友と□□《ぜっこう》する。
□□《ぜっこう》の機会だ。

③
植物□□《さいしゅう》
連休の□□《さいしゅう》日

④
□□《さんせい》意見
□□《さんせい》雨《う》

⑤
□□《ようりょう》を得《え》ない。
□□《ようりょう》の大きいコップ

⑥
生命□□《ほけん》
□□《ほけん》室

⑦
□《あつ》い夏
□《あつ》い湯
□《あつ》い紙

⑧
重さを□《はか》る。
深さを□《はか》る。

⑨
紙が□《やぶ》れる。
試合に□《やぶ》れる。

⑩
□□《たいしょう》的な意見
子どもを□□《たいしょう》にする。

熟字訓

月　日

名前

1 熟語《じゅくご》（熟字）の特別な読み方のことを熟字訓《じゅくじくん》と言います。次の読み方をする熟語を書きましょう。

① ふたり
② へた
③ けしき
④ ふつか
⑤ まいご
⑥ やおや
⑦ はかせ
⑧ ついたち
⑨ しみず
⑩ ことし
⑪ あす
⑫ きょう

2 次の言葉の熟字訓を書きましょう。

① 昨日（　　）
② 今朝（　　）
③ 二十日（　　）
④ 河原（　　）
⑤ 果物（　　）
⑥ 上手（　　）
⑦ 眼鏡（　　）
⑧ 真（　　）っ青（　　）
⑨ 一人（　　）
⑩ 手伝（　　）う
⑪ 友達（　　）
⑫ 真（　　）っ赤（　　）
⑬ お父（　　）さん
⑭ お母（　　）さん
⑮ お兄（　　）さん
⑯ お姉（　　）さん

ことわざ

名前

月　日

1 次のことわざには、動物の名前が入ります。下から選んで□に記号で書きましょう。

① とらぬ□の皮《かわ》算用《ざんよう》

② □も木から落ちる

③ 立つ□あとをにごさず

④ 能《のう》ある□はつめをかくす

⑤ □の耳に念仏《ねんぶつ》

⑥ やぶをつついて□を出す

ア　へび
イ　たか
ウ　馬
エ　鳥
オ　たぬき
カ　さる

2 ①～⑧のことわざと、下の意味が合うように、線で結びましょう。

① 情《なさ》けは人のためならず

② えんの下の力もち

③ しゅに交われば赤くなる

④ 七転び八起き

⑤ 急《せ》いては事《こと》をし損《そん》ずる

⑥ 三人寄《よ》れば文《もん》じゅの知《ち》え

⑦ 石の上にも三年

⑧ 失敗は成功のもと

- 人はそのかん境《きょう》によって、良くも悪くもなるということ。
- 何度失敗してもあきらめず、最後までやりとおすこと。
- 他人に親切にしていると、めぐりめぐって自分に返ってくること。
- 苦しいことでもがまん強く努力すれば、いいことがあるということ。
- 他人には目立たないところで、人のために働くこと。
- 失敗することは、次に成功するために、むだにはならないということ。
- あまり急いであわててやると失敗するということ。
- みんなでよく考えると、いい考えが生まれるということ。

漢字の成り立ち

名前

月　日

1 漢字は中国から伝わったものですが、国字《こくじ》（和字《わじ》）といって、伝えられた後に日本で意味を合わせて作られた漢字もあります。
次の国字の意味を考えて、合う読みを選んで書きましょう。

① 峠（　　）
② 凩（　　）
③ 躾（　　）
④ 雫（　　）
⑤ 畑（　　）
⑥ 颪（　　）
⑦ 凪（　　）
⑧ 鰯（　　）

こがらし　なぎ　おろし　はたけ
いわし　しつけ　しずく　とうげ

へんや部首に
注目すると見えてくるよ

2 漢字の成り立ちには次の四つがあります。上と下を線で結び、それに合う漢字を［　］から二つずつ選んで書きましょう。

① 形《けい》声《せい》 ・　　・ 物の形をそのままかたどった文字。

② 象《しょう》形《けい》 ・　　・ 絵で表すことのできないことがらを、点や線などで表した文字。

③ 指《し》事《じ》 ・　　・ 二つ以上の漢字を組み合わせて、新しい意味を表すようにした文字。

④ 会《かい》意《い》 ・　　・ 意味を表す部分と、音を表す部分とを組み合わせて作った文字。

①［　］［　］
②［　］［　］
③［　］［　］
④［　］［　］

鳥　本　男　校　火　下　岩　花

国語辞典

名前

月　日

1 小学生用国語辞典を引くとき、次の二つの言葉のうち、先に出てくる方に○をつけましょう。

①
（　）あぶら
（　）あひる

②
（　）じゅう
（　）じゆう

③
（　）ボール
（　）ポール

④
（　）でんとう
（　）てんとうむし

⑤
（　）セーター
（　）せいねん

⑥
（　）コーヒー
（　）こおり

2 次の文に最も適切《てきせつ》な意味を選んで、その番号を書きましょう。

(1)

あかるい【明るい】
① 光りがさして物がよく見える。　② 色があざやか。
③ はればれとしている。　④ そのことにくわしい。　⑤ 性格《せいかく》などにうら表がない。

父は、アメリカの地理にとても明るい。　□

かれは、明るい顔で友達と話をしていた。　□

(2)

とおる【通る】
① はしからはしまでとどく。　② つらぬいて向こうに行く。
③ 通行する。　④ みとめられる。　⑤ 知れわたる。　⑥ 室内に入る。
⑦ わかる。　⑧ 議案が可決《かけつ》される。　⑨ 合格する。

話し合いで、わたしたちの要求が通った。　□

わたしは、はりに糸を通すのが上手です。　□

ぼくの家の前の道は、よく大きな車が通る。　□

あの少年は芸能界《げいのうかい》では、名の通った子どもだ。　□

あの人は、よく意味の通った文章を書く。　□

漢字辞典

月　日

名前

1 漢字辞典には、三種類の引き方があります。次の場合に合う引き方を選んで記号を書きましょう。

① 漢字の読み方がわかっているとき（　　）

② 漢字の部首がわかっているとき（　　）

③ 「経」が「ケイ」という読み方をすることがわかっているとき（　　）

④ 「経」の部首が、「いとへん」ということがわかっているとき（　　）

⑤ 「経」の読み方も部首もわからないとき（　　）

ア 部首引き　イ 音訓引き　ウ 総画《そうかく》引き

2 次の漢字の部首を□に、部首名を（　）に書きましょう。

	部首	部首名
① 億	□	（　　）
② 枝《えだ》	□	（　　）
③ 副	□	（　　）
④ 墓《はか》	□	（　　）
⑤ 然	□	（　　）
⑥ 設《せつ》	□	（　　）

3 次の漢字の音読みを片仮名《かたかな》で書き、総画数を漢数字で書きましょう。

	音読み	総画数
① 易	（　　）（　　）	（　　画）
② 弁	（　　）	（　　画）
③ 率	（　　）（　　）	（　　画）
④ 興	（　　）（　　）	（　　画）

漢語と和語

名前

月　日

1

漢語と和語の意味を選んで記号で書きましょう。

① 漢語（　・　）

② 和語（　・　）

ア　漢字で書いてあっても「訓」で読む言葉。

イ　漢字を「音」で読む言葉。

ウ　古くに中国から日本に入った言葉。

エ　もともと日本にあった言葉。

2

[　] の言葉を漢語と和語に分け、記号で書きましょう。

① 漢語

② 和語

ア　朝顔	イ　雨天	ウ　空耳	エ　約束
オ　夜中	カ　植物	キ　板前	ク　横転
ケ　北風	コ　屋上	サ　空気	シ　川岸

3

次の文の――の漢語を和語に言いかえ、平仮名《ひらがな》で書きましょう。

〈例〉 旅行に出て、旅館で飲食した。

（たび）（やど）（のんでたべた）

① 転居《てんきょ》した部屋を整理して、友達を招待《しょうたい》した。

（　）（　）（　）

② あの道路を横断《おうだん》するときにはじゅうぶん注意しなさい。

（　）（　）（　）

4

次の文の――の和語を漢語に言いかえ、漢字で書きましょう。

① 話し合いで決まったことを正しく知らせる。

（　）（　した）（　に）（　する）

② 荷物を定められた時間に配られることを望む人が増《ふ》えた。

（　された）（　される）（　する）（　した）

ローマ字①

名前

月　日

次の平仮名《ひらがな》を、訓令式《くんれいしき》のローマ字で書きましょう。

あ　い　う　え　お　　か　き　く　け　こ

さ　し　す　せ　そ　　た　ち　つ　て　と

な　に　ぬ　ね　の　　は　ひ　ふ　へ　ほ

ま　み　む　め　も　　や　ゆ　よ

ら　り　る　れ　ろ　　わ　を　ん

が　ぎ　ぐ　げ　ご　　ざ　じ　ず　ぜ　ぞ

だ　ぢ　づ　で　ど　　ば　び　ぶ　べ　ぼ

ぱ　ぴ　ぷ　ぺ　ぽ　　きゃ　きゅ　きょ

しゃ　しゅ　しょ　　ちゃ　ちゅ　ちょ

にゃ　にゅ　にょ　　ひゃ　ひゅ　ひょ

みゃ　みゅ　みょ　　りゃ　りゅ　りょ

ぎゃ　ぎゅ　ぎょ　　じゃ　じゅ　じょ

ぢゃ　ぢゅ　ぢょ　　びゃ　びゅ　びょ

ぴゃ　ぴゅ　ぴょ

その調子！

ローマ字 ②

名前

月　日

① 次の平仮名《ひらがな》を、ヘボン式のローマ字で書きましょう。

し　ち　つ　ふ　　じ　ぢ

しゃ　しゅ　しょ　　ちゃ　ちゅ　ちょ

じゃ　じゅ　じょ

② 次の言葉をヘボン式のローマ字で書きましょう。

① 九州　② 新聞

③ 羊　④ 時間

③ 次のヘボン式のローマ字を読んで平仮名で書きましょう。

① (　　) ao　② (　　) koi

③ (　　) sakana　④ (　　) shashin

⑤ (　　) washi　⑥ (　　) chawan

⑦ (　　) tsukue　⑧ (　　) yama

⑨ (　　) hyaku　⑩ (　　) nyûin

⑪ (　　) yuki

＾…のばす記号

1 次のローマ字を読んで平仮名《ひらがな》で書きましょう。

① (　　　)
gakkô

② (　　　)
ryokan

③ (　　　)
tetsu

④ (　　　)
fune

⑤ (　　　)
syashin

⑥ (　　　)
chûsha

⑦ (　　　)
zyagaimo

⑧ (　　　)
konnyaku

⑨ (　　　)
chokin

⑩ (　　　)
jûdô

⑪ (　　　)
Mochitsuki o sita.

2 次の文をローマ字で書きましょう。訓令式《くんれいしき》・ヘボン式は問いません。また、文の最初の文字は大文字で書きましょう。

① 朝ごはん　を　食べた。

② 公園　で　遊んだ。

③ お父さん　と　駅　へ　行った。

④ 赤い　花　が　さいた。

⑤ わたし　は　元気　です。

文をつなぐ「は」「を」「へ」は、音にならって「wa」「o」「e」と書きます。

ローマ字③

名前

月　日

名詞

月　日

名前

ものごとの名前を表す言葉を「名詞《めいし》」と言います。

〈例〉魚・希望・喜《よろこ》び・五ひき

1 次の文の――のうち、名詞《めいし》にあたる言葉はどれですか。すべて記号で書きましょう。

① 夜に入り、雪がしんしんとふっています。（ア・イ・ウ・エ）　（　）

② 人類は永遠《えいえん》に生きていけるのだろうか。（ア・イ・ウ）　（　）

③ 父はいつも願いをかなえてくれる。（ア・イ・ウ・エ）　（　）

④ この絵の美しさは、わたしにはわかりにくい。（ア・イ・ウ）　（　）

2 次の文にある名詞を書きましょう。

① ゆるやかな坂道を急いで下りた。（　）

② 大きな公園に美しい花がさいた。（　）（　）

③ 真《ま》っ赤《か》なりんごを一つだけ食べた。（　）（　）

④ 昨日《きのう》、とんでもない出来事が起こった。（　）（　）

⑤ むねをわくわくさせながら会場に入った。（　）（　）

3 次の例のように、言葉の形を変えて名詞にしましょう。

〈例〉大きい → （大きさ）

① かざる → （　）

② 悲しい → （　）

③ 動く → （　）

④ おおう → （　）

⑤ やさしい → （　）

⑥ 作る → （　）

動詞①

名前

月　日

ものごとの動作や作用、いる・あるを表す言葉を「動詞《どうし》」と言います。

〈例〉歩く・ふくらむ・ある

1 次の文中の（　）に、「乗る」という動詞を文が続く形にして書きましょう。

① 知らない人の車には（乗　　）ないようにしましょう。

② バスには順序《じゅんじょ》よく（乗　　）ましょう。

③ いつも同じ電車に（乗　　）ことにしている。

④ ちこくしないようにはやく（乗　　）！

⑤ 待ち合わせて、同じ列車に（乗　　）う。

2 次の文にある動詞を書きましょう。

① 庭に赤い大きな花がたくさんさいた。（　　）

② 美しい草原をすばやく走る馬。（　　）

③ 学校の屋上から海が見える。（　　）

④ 明日の算数の時間にテストがある。（　　）

3 〈　〉の中の動詞を、文が続く形にして書きましょう。

① 〈行く〉 早く学校に（　　）なければならない。

② 〈帰る〉 雨がふってきたので、すぐに（　　）うと思った。

③ 〈来る〉 一番に（　　）ば、きっといいことがあるだろう。

④ 〈読む〉 本は明るいところで（　　）ましょう。

動詞 ②

月　日

名前

1 動詞《どうし》の形が変化することを活用といいます。活用表の（　）に平仮名《ひらがな》を書きましょう。

もとの形	「〇〇ない」に連なる	「〇〇ます」に連なる	言い切り	「〇〇とき」に連なる	「〇〇ば」に連なる	命令で言い切り
泳ぐ	泳（　）ない	泳（　）ます	泳（　）	泳（　）とき	泳（　）ば	泳（　）
落ちる	落（　）ない	落（　）ます	落（　）	落（　）とき	落（　）ば	落（　）
出る	（　）ない	（　）ます	（　）	（　）とき	（　）ば	（　）
来る	（　）ない	（　）ます	（　）	（　）とき	（　）ば	（　）
する	（　）ない	（　）ます	（　）	（　）とき	（　）ば	（　）

2 次の文の動詞を、右の活用表の「言い切り」の形に直しましょう。

① 体が大きくなって、去年の服が着られない。（　　）

② 友達には、ぼくが話しましょう。（　　）

③ このバスは、時《じ》こく表《ひょう》通りに着いたことがない。（　　）

④ のどがかわいていたので、お茶を飲んだ。（　　）

⑤ もし明日《あす》晴れれば、キャンプに行く。（　　）

⑥ イチローの打った球は、とても速い。（　　）

⑦ 「起きろ！」と毎朝起こされている。（　　）

⑧ 宿題もせずに学校に来てしまった。（　　）

君ならできる！

形容詞・形容動詞

名前

月　日

ものごとの性質《せいしつ》や様子を表す言葉で、言い切りの形が「〜い」で終わるものを、「形容詞《けいようし》」と言います。「〜だ」で終わるものを「形容動詞《けいようどうし》」と言います。

〈例〉美しい・高い（形容詞）　静かだ・きれいだ（形容動詞）

1 次の文にある形容詞・形容動詞を書きましょう。

① 白いかべの家が続く町はのどかだ。　（　　）（　　）

② 深い川の水は、とても冷たい。　（　　）（　　）

③ 河原《かわら》には、丸い石や四角い石がある。　（　　）（　　）

④ ぼくは魚が好きだが、弟はきらいだ。　（　　）（　　）

2 次の文中の「赤い」という形容詞を、文に合う形にして書きましょう。

① 海で見た夕日は、とても（　　）た。

② 妹の服は、思っていたほど（　　）なかった。

③ この花は（　　）ば赤いほど美しく見える。

④ 太陽を（　　）ぬってしまう子どもが多い。

⑤ 秋には（　　）実をたくさんつける木がある。

3 次の文の形容詞・形容動詞を言い切りの形にして書きましょう。

① はげしかった雨も止んで、静かです。　（　　）（　　）

② さわやかな朝の旅立ちは、うれしかった。　（　　）（　　）

③ 青く晴れた空は、きれいだった。　（　　）（　　）

文の組み立て ①

名前

月　日

1 例のように、次の文の主語と述語《じゅつご》をそれぞれ書きましょう。

〈例〉池の周りに桜《さくら》が美しくさいた。　主語（桜が）　述語（さいた）

① 真《ま》っ赤《か》な夕日が、水平線にしずんだ。　（　　）（　　）

② 山の向こうの巣に、鳥たちは帰る。　（　　）（　　）

③ 血管は、体の表面近くにもある。　（　　）（　　）

④ シマウマの群れは、草原をゆっくりと横切る。　（　　）（　　）

⑤ 父は、ある日ぐう然《ぜん》、先生に会った。　（　　）（　　）

2 次の文の主語には——、述語には～～を引きましょう。

① 本屋のとなりには、とても大きな八百屋《やおや》がある。

② そのとき弟は、そんけいのまなざしで父を見た。

③ うれしそうな、得意《とくい》そうな顔をしているかれが、わたしをよんだ。

④ 畑で、大きなスイカが、思ったよりたくさんとれた。

3 次の文の主語と述語をさがして書きましょう。ただし、主語や述語をふくまない文もあります。無いときは×をつけましょう。

主語　述語

① ぼくは、口では表せない、この美しさを。　（　　）（　　）

② もう、速く走ることは、できない。　（　　）（　　）

③ とてもおいしいね、このラーメンは。　（　　）（　　）

④ 先生は、今日はどちらへ行かれますか。　（　　）（　　）

文の組み立て ②

名前

月　日

文の組み立て方には、次のようなやり方があります。

ア　二つの文をならべて、一つの文にしたもの。

〈例〉　父は新聞を読んでいて、母はテレビを見ている。

雨がふり、風がふく。

イ　二つの文のうち、一方の文が他方の文をしたがえたもの。

〈例〉　わたしは、先生が話すのを聞いた。

山が燃《も》えたといううわさは、村中に広まった。

次の文は、右に示《しめ》したア・イのうちどちらですか。記号を書きましょう。

① お父さんが車の運転をして、ぼくは後ろの席に乗った。（　）

② くまは、旅人がたおれるのをじっと待った。（　）

③ 雨がふり、かみなりまで鳴り始めた。（　）

④ わたしがお母さん役で、あなたがお父さん役よ。（　）

⑤ ぼくが育てたハムスターは、クラスの人気ものになった。（　）

⑥ 母は、わたしが元気になってとても喜《よろこ》んだ。（　）

⑦ いつきさんは山へ行き、たつきさんは海へ行った。（　）

⑧ ぼくのあこがれていた選手が、大活《かつ》やくした。（　）

文の組み立て ③

名前

月　日

1 次の文中の述語《じゅつご》（〜〜）に対する主語を書きましょう。

① もう夏は過《す》ぎたのに、まだまだ暑さは変わらない。（　　　）

② 男達は勇んで山へ出かけたし、女達は畑の世話をするのだった。（　　　）

③ 昨日《きのう》、児童会が開かれ、重要な決定がなされた。（　　　）

④ りこさんは、妹が待っている公園へ出かけた。（　　　）

2 次の文の組み立てを考え、□に言葉を書きましょう。

① アンは、川の水をくみに行った。

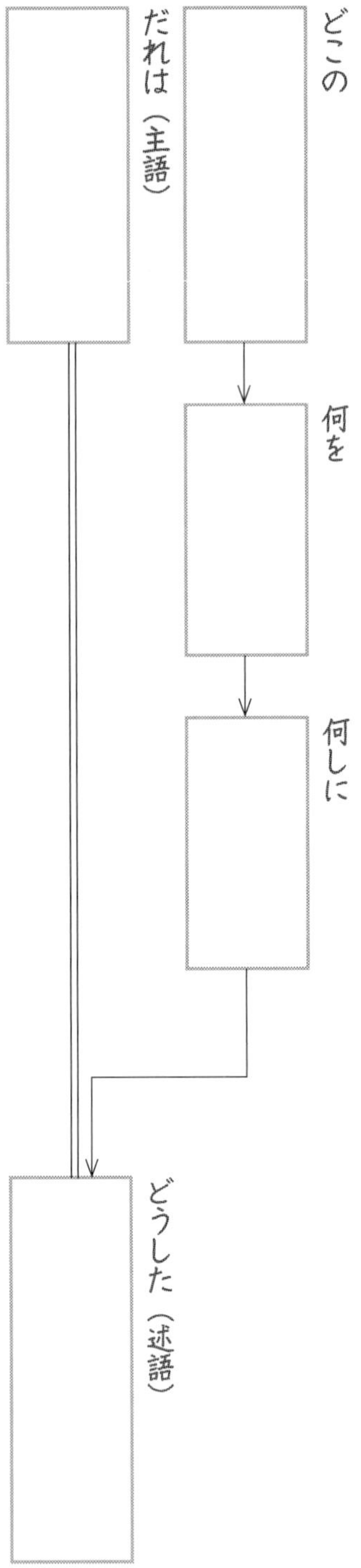

② 大工の山田さんが、となりの空き地に大きな家を建てた。

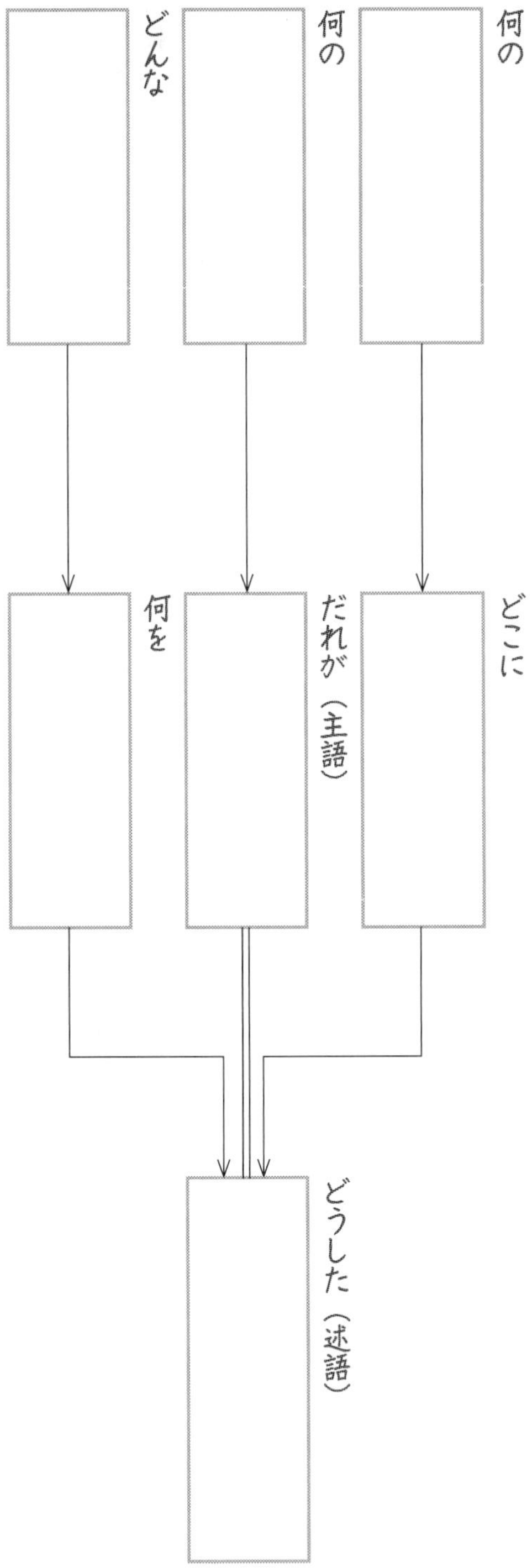

わかるところから
うめていこう

文の組み立て ④

名前

月　日

1 次の文の□で囲《かこ》んだ部分を修《しゅう》飾《しょく》している言葉を、例のように書きましょう。

〈例〉 わたしは、大きな声でもっと[歌いたい]。　（大きな声で）（もっと）

① 太陽が、赤く美しく[かがやく]。　（　　）（　　）

② 公園に大きな美しい[花が]さいている。　（　　）（　　）

③ 坂本さんは、つらそうな青い[顔を]している。　（　　）（　　）

④ みんなは、いっせいに笑顔で[入ってきた]。　（　　）（　　）

⑤ ぼくは、長い間友達を[待った]。　（　　）（　　）

2 同じ言葉でも、名詞《めいし》を修飾する場合と動詞《どうし》を修飾する場合で形が変わります。
次の二つの文が同じ意味になるような言葉を書きましょう。

① あの先生は、いつも 落ち着いて 話す。
　あの先生は、いつも（　　）話し方をする。

② この問題には きびしく 対応《たいおう》することが必要だ。
　この問題には（　　）対応が必要だ。

③ まりさんは、さわやかな 生き方をしている。
　まりさんは、（　　）生きている。

④ この部屋は、とても 暑い 感じがした。
　この部屋は、とても（　　）感じた。

指示語

名前

月　日

1 次の文の――の言葉を、[　]の指示語《しじご》から選んで書きかえましょう。

① 今日、漢字テストがある。ぼくは漢字テストがあることは聞いていなかった。（　　）

② 今日も校庭で野球をしている。校庭はとても広くて安全だ。（　　）

③ 遠くに松の木が見えるね。松の木まで競争だ。（　　）

④ 母にプレゼントをもらった。プレゼントはわたしのほしかったものだ。（　　）

ここ　そんな　これ　あそこ

2 次の文の――の指示語は、何を指していますか。その部分に〰〰を引きましょう。

① 友達のたん生会《じょうかい》で、小さなぬいぐるみをプレゼントしました。それは、わたしが一人で作ったものです。

② 公園のとなりにきれいな店があります。そこは、めずらしい文《ぶん》ぼう具《ぐ》を売っています。

③ 今日の算数のテストはむずかしかったが、その二番だけはよくわかった。

④ リレー大会で、転んで泣いてしまった。いつものことながら、そんな自分がいやになる。

⑤ 「食器を下げてよろしいですか。」「そうしてください。」

指示語はそれが指すところと入れかえることができます。

接続語

月　　日

名前

文と文をつなぐ言葉を「接続語《せつぞくご》」と言います。

〈例〉おなかがすいているのに、食べなかった。
魚、あるいは肉を買ってきてください。

1 次の文の（　）に合う言葉を□から選んで書きましょう。

① すごくがんばった（　　）、負けてしまった。

② 休日は本を読んだり、ゲームをし（　　）する。

③ 気持ちを集中すれ（　　）、十分に勝てる。

④ テレビを見（　　）、宿題をした。

⑤ いくら待ったとし（　　）、あの人は来ないだろう。

たり　ても　ば　ながら　のに

2 次の文の（　）に合う接続語を□から選んで書きましょう。

① 朝から雨がふった（　　）、午後からはきれいに晴れた。

ので　けれど　し　から

② 夜空は晴れている（　　）星が出ている。

ので　けれど　のに

③ やまとさんは、体も大きい（　　）力も強い。

のに　けれど　が　し

④ バス停《てい》まで走った。（　　）、バスは出発していた。

そこで　ところで　そして　しかし

⑤ しょう来《らい》はメジャーでプレーしたい。（　　）、少年野球を続けている。

すると　ところが　だから　あるいは

⑥ わたしはサッカーが得意《とくい》だ。（　　）、たっ球《きゅう》も強い。

また　ところで　すると　ただし

句読点とふ号 ①

名前

月　日

文を書くときに使うふ号《ごう》の意味と名前にあてはまるものを、[　]から選んで記号を書きましょう。

① 一つの文を完全に言い切ったところ　（　）
② 名詞《めいし》をいくつかならべるとき　（　）
③ 同じ漢字がくり返されるとき　（　）
④ 会話、または語句《ごく》を引用するとき　（　）
⑤ 会話の中に、さらに語句を引用するとき　（　）
⑥ 語句または文の次に、特に注意することを書き加えるとき　（　）
⑦ 言葉を省略《しょうりゃく》するとき　（　）
⑧ 一つの文の中で、語句の切れ目のところ　（　）

⑨ かぎ　（　）
⑩ 句点《くてん》　（　）
⑪ 読点《とうてん》　（　）
⑫ なか点　（　）
⑬ かっこ　（　）
⑭ ダッシュ　（　）
⑮ 二重かぎ　（　）
⑯ かさね字　（　）

ア　。　　イ　、
ウ　・　　エ　（　）
オ　「　」　　カ　『　』
キ　――　　ク　々

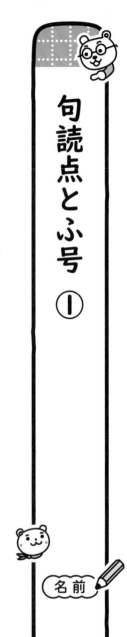

句読点とふ号 ②

名前

月　日

1 次の文の書き方で、最も正しいものに○をつけましょう。

①
（　）今日は、とても気持ちのよい天気です。
（　）今日は、とても、気持ちのよい、天気です。
（　）今日はとても、気持ちのよい天気です。

②
（　）「先生おはようございます。」「おはよう田中さん。」
（　）「先生、おはようございます。」「おはよう田中さん。」
（　）「先生、おはようございます。」「おはよう、田中さん。」

2 次の文に、句点《くてん》と読点《とうてん》を一つずつつけましょう。

① 村の小学校は山のてっぺんにあった
② ぼくの質《しつ》問《もん》に先生が答えてくださった
③ 雨がふったのででかけるのはやめた
④ 悲しいことに今でもたくさんの人が病気で死ぬ
⑤ にわにはにわとりがあそんでいる

3 次の文にかぎ・二重かぎを一つずつつけましょう。

① 父は父さんの小さいころは、本をよく読んだよ。赤毛のアンとかね。と話していた。
② その日、先生はエルマーのぼうけんは、とてもおもしろい。と話し始めた。

敬体・常体

名前

月　日

1 次の文の――の言葉を、敬体《けいたい》（ていねいな言い方）に書きかえましょう。

① こわい夢《ゆめ》を見て、目がさめた。

② リレーで一生《いっしょう》けん命《めい》に走った。

③ この写真は、とてもきれいに写っている。

④ 長い話も、もうすぐ終わりそうだ。

⑤ まじめに学習に取り組んでみよう。

⑥ ぼくは、そんなに上手に書けない。

⑦ この資料《しりょう》は、とても大切なものだ。

2 次の文の――の言葉を、常体《じょうたい》（ふつうの言い方）に書きかえましょう。

① サッカーボールを強くけりました。

② 友達と遊園地で遊びました。

③ この問題は、なかなかむずかしそうです。

④ 家でハムスターを二ひき飼っています。

⑤ 言いたいことがうまく伝わっていません。

⑥ あの日はとても暑い日でした。

⑦ このジュースを全部飲んでいいのでしょうか。

⑧ 風船をたくさん飛ばしてみましょう。

手紙の書き方

月　日

名前

工場見学に行く会社に、資料《しりょう》を送っていただくお願いの手紙を書きました。

ア　わたしたちは、そちらの自動車工場におうかがいする、南小学校の五年生です。

イ　おいそがしいと思いますが、どうぞよろしくお願いします。

ウ　豊産《ほうさん》自動車工業御中《おんちゅう》

エ　令和二年五月十一日

オ　はじめてお手紙をさし上げます。

カ　工場見学をする前に、図書館やインターネットなどを利用して自動車について調べています。特に自動車生産の仕組みについて調べてから見学すると、とてもわかりやすくお話が聞けるのではないかと思います。その点についてよくわかる資料があれば、送っていただきたいと思います。

キ　南小学校五年一組　B班《はん》
山田　新

改まった手紙を書くときには、決まった形式があります。

① **前文**　書き出しのあいさつ　相手の様子をたずねる　自分のしょうかい　お礼　など
② **本文**　中心になることがら
③ **末文**　結びのあいさつ
④ **後付け**　日付・自分の名前・相手の名前

(1) 手紙の文を、正しい順にならべかえて、その記号を書きましょう。

1	
2	
3	
4	
5	
6	
7	

(2) 次の二つの文は、ある手紙の一部分です。それぞれ右の①～④のどれにあたるか、番号を書きましょう。

・では、これからもお体に気をつけて元気でお過《す》ごしください。（　）

・イルカサカナ水族館のみなさん。先日おたずねしたときは、色々なお話を聞かせてくださり、ありがとうございました。（　）

えらい！

俳句・短歌

名前

月　日

1 次の文の□に合う数字や言葉を後ろの[　]から選んで書きましょう。同じ数字は何回でも使えます。

① 短歌と俳句《はいく》は、ともに□独特《どくとく》の短い詩です。短歌は、□・□・□・□・□の□音、俳句は、□・□・□の□音で表現《ひょうげん》されています。

② 短歌には、奈良《なら》時代の終わりに、□という歌集が作られてから、今にいたるまで□年以上の伝統《でんとう》があります。

③ 俳句は、江戸時代《えどじだい》にさかんになりました。俳句には、季節を示《しめ》す□を入れるという約束があります。

[五　十七　三十一　千　七　日本　季語　万葉集《まんようしゅう》]

2 次の俳句の季語の右側に線を引き、（　）に季節を書きましょう。また、□に入る漢字一字を[　]から選んで書きましょう。

① 菜の花や月は東に日は□に　（　）　与謝蕪村《よさぶそん》

② 柿《かき》くえば□が鳴るなり法隆寺《ほうりゅうじ》　（　）　正岡子規《まさおかしき》

③ 古池や蛙《かわず》とびこむ□の音　（　）　松尾芭蕉《まつおばしょう》

④ やれ打つな蠅《はえ》が手をする□をする　（　）　小林一茶《こばやしいっさ》

[水　西　足　鐘《かね》]

3 次の短歌を読んで、その季節と、様子を表す言葉を[　]から選んで記号を書きましょう。

① 五月雨《さみだれ》の晴れ間にいでて眺《なが》むれば　青田すゝ《ず》しく風わたるなり　良寛《りょうかん》　（　）（　）

② 金色《こんじき》のちひ《い》さき鳥のかたちして　銀杏《いちょう》ちるなり夕日の岡《おか》に　与謝野晶子《よさのあきこ》　（　）（　）

[ア 秋　イ 初夏　ウ 美しさ　エ すがすがしさ]

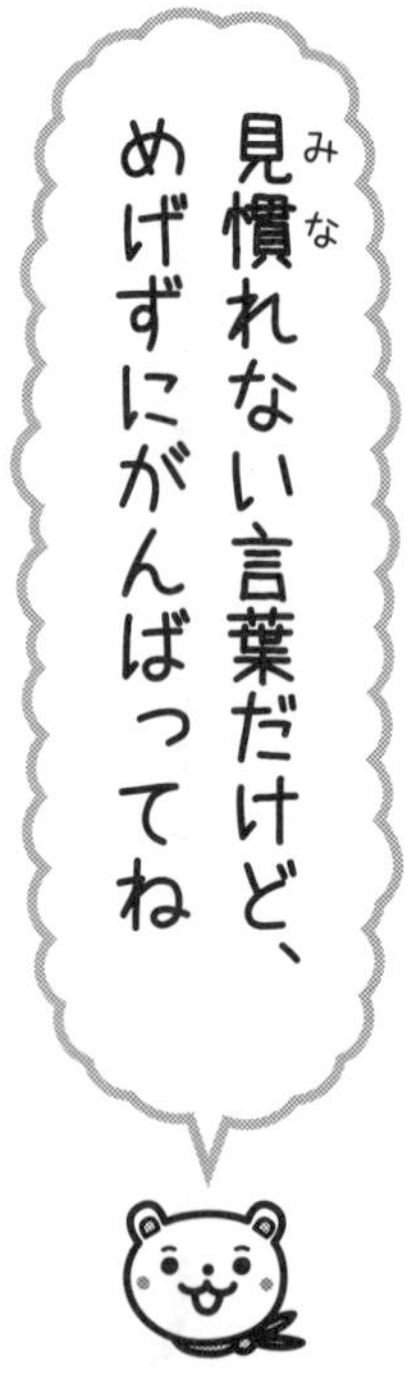
見慣《みな》れない言葉だけど、めげずにがんばってね

詩　ふるさと

名前

月　日

次の詩を読んで後の問いに答えましょう。

ふるさと

高野辰之《たかのたつゆき》

うさぎ追ひ《（い）》し　かの山、
こぶな釣《つ》りし　かの川、
夢《ゆめ》は　今も　めぐりて、
忘《わす》れがたき　ふるさと。

いかにいます　父母《ちちはは》、
つつがなしや　友がき、
雨に風に　つけても、
思ひ《（い）》いづ《（ず）》る　ふるさと。

こゝ《（こ）》ろざしを　はたして、
いつの日にか　帰らん、
山はあを《（お）》き　ふるさと。
水は清き　ふるさと。

① 次の文の□にあてはまる数字や言葉を□から選んで記号を書きましょう。

この詩は一連が□行ずつの□連からなり、□で表現《ひょうげん》されています。□土地から□を思う詩です。

ア 文語　イ 口語《こうご》　ウ 三　エ 四　オ 五
カ 美しい故郷《こきょう》　キ 遠くはなれた

② 上の言葉と同じ意味の下の言葉を線で結びましょう。

かの・	・どのように
いかに・	・あの
います・	・無事だろう
つつがなしや・	・いらっしゃる
つけても・	・関しても

③ この詩の中の、作者の心はどんな様子ですか。最も合うものに○をつけましょう。

（　）変わりはてたいなかに帰って、昔のふるさとを思い出している。
（　）いなかに帰る日を心待ちに、ふるさとを思い出している。
（　）父母や友達に会ったので、ふるさとを思い出している。

④ 次のア～ウは、第何連のことをいったものですか。（　）に連の番号（1・2・3）を入れましょう。

ア（　）ふるさとにくらす両親や友達のことを気づかっている。
イ（　）一人前になって、美しいふるさとにいつか帰ろうと思っている。
ウ（　）子どものときに遊んだ山や川のことを思い出している。

物語文

雪わたり ①

名前

月　日

次の文章を読んで後の問いに答えましょう。

雪がすっかりこおって大理石よりもかたくなり、空も冷たいなめらかな青い石の板でできているらしいのです。

「かた雪かんこ、しみ雪しんこ。」

お日様が、真っ白に燃《も》えてゆりのにおいをまき散らし、また雪をぎらぎら照らしました。

木なんか、みんなザラメをかけたようにしもでぴかぴかしています。

「かた雪かんこ、しみ雪しんこ。」

四郎《しろう》とかん子とは、小さな雪ぐつをはいてキックキックキック、野原に出ました。

こんなおもしろい日が、またとあるでしょうか。いつもは歩けないきびの畑の中でも、すすきでいっぱいだった野原の上でも、好きな方へどこまでも行けるのです。平らなことは、まるで一枚《いちまい》の板です。そしてそれが、たくさんの小さな小さな鏡のようにキラキラキラキラ光るのです。

「かた雪かんこ、しみ雪しんこ。」

二人は、森の近くまで来ました。大きなかしわの木は、枝《えだ》もうずまるくらい立派《りっぱ》なすきとおったつららを下げて、重そうに体を曲げておりました。

「かた雪かんこ、しみ雪しんこ。きつねの子ぁ、よめぃほしい、ほしい。」

と、二人は森へ向いて高くさけびました。

宮沢 賢治『ひろがる言葉 小学国語 五下』教育出版

① 雪と空をどのように例えていますか。

雪（　　　　）

空（　　　　）

② 「かた雪かんこ、しみ雪しんこ。」と言っているのはだれですか。

（　　　　）

③ ザラメとは何ですか。正しいものを選んで○をつけましょう。

（　）イカのほしたもの

（　）つぶの大きいさとう

（　）白いもめんの布

④ こんなおもしろい日に何ができるのですか。

（　　　　）

⑤ 雪の積もっているきびの畑や野原が平らなことを何に例えていますか。

（　　　　）

⑥ 畑や野原がキラキラ光っている様子を何に例えていますか。

（　　　　）

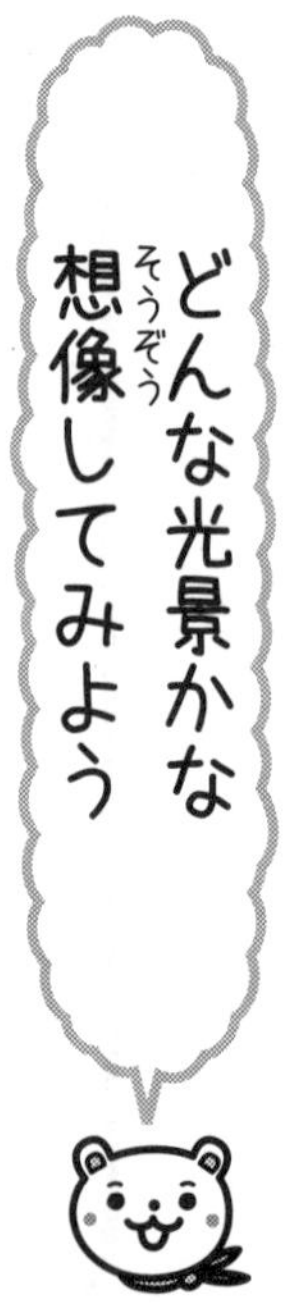

名前

月　日

次の文章を読んで後の問いに答えましょう。

まくの横に、
「寄贈《きぞう》、おもちたくさん、人の四郎《しろう》氏、人のかん子氏」と、大きな札が出ました。きつねの生徒は、喜《よろこ》んで、手をパチパチたたきました。

その時、ピーと笛が鳴りました。

紺三郎《こんざぶろう》が、エヘンエヘンとせきばらいをしながらまくの横から出てきて、ていねいにおじぎをしました。みんなはしんとなりました。

「今夜は美しい天気です。お月様は、まるで真珠《しんじゅ》のお皿です。お星様は、野原のつゆがキラキラ固まったようです。さて、ただ今から幻灯会《げんとうかい》をやります。みなさんは、またたきやくしゃみをしないで、目をまんまるに開いて見ていてください。それから、今夜は大切な二人のお客様がありますから、どなたも静かにしないといけません。決して、そっちの方へくりの皮を投げたりしてはなりません。開会の辞です。」

みんな喜んで、パチパチ手をたたきました。そして四郎が、かん子にそっと言いました。

「紺三郎さんはうまいんだね。」

宮沢 賢治『ひろがる言葉 小学国語 五下』教育出版

① 今から何が始まるのですか。

（　　　　　　　）

② 四郎とかん子のことを文中では別の言葉で何と表しているでしょう。

（　　　　　　　）

③ お月様とお星様を何に例えていますか。

お月様（　　　　　　　）

お星様（　　　　　　　）

④ みなさんが指す言葉を選んで○をつけましょう。

（　）四郎とかんこ

（　）きつねの生徒

（　）お月様とお星様

⑤ そっちが指す言葉を選んで○をつけましょう。

（　）四郎とかんこのいる方

（　）野原の方

（　）きつねの生徒の方

⑥ 紺三郎は何がうまいのですか。文中の言葉で答えましょう。

（　　　　　　　）

物語文　雪わたり　③

名前

月　　日

次の文章を読んで後の問いに答えましょう。

紺三郎《こんざぶろう》が、二人の前に来て、ていねいにおじぎをして言いました。

「それでは。さようなら。今夜のごおんは決してわすれません。」

二人も、おじぎをして、うちの方へ帰りました。きつねの生徒たちが、追いかけてきて、二人のふところやかくしに、どんぐりだのくりだの青光りの石だのを入れて、

「そら、あげますよ。」

「そら、取ってください。」

なんて言って、風のようににげ帰っていきます。

紺三郎は笑って見ていました。

二人は、森を出て、野原を行きました。

その青白い雪の野原のまん中で、三人の黒いかげが、向こうから来るのを見ました。それは、むかえに来た兄さんたちでした。

宮沢賢治『ひろがる言葉 小学国語 五下』教育出版

① 紺三郎は二人の前に来て、ていねいに何をしましたか。

（　　　　　）

② 人から受けた親切のことを、文中の言葉で言いかえましょう。

（　　　　　）

③ きつねの生徒があげたものは何ですか。三つ書きましょう。

（　　　　　）

（　　　　　）

（　　　　　）

④ ③をどこに入れましたか。

（　　　　　）

⑤ 三人の黒いかげとは何ですか。

（　　　　　）

⑥ 黒いかげという表現《ひょうげん》からわかることに、○をつけましょう。

（　）太陽が出ている。

（　）顔かたちがよく見えない。

（　）黒い服を着ている。

物語文

世界でいちばんやかましい音 ①

名前

月　日

次の文章を読んで後の問いに答えましょう。

ところで、ガヤガヤの町のやかましい人々の中でも、とりわけやかましいのは王子様でした。王子様は、名前をギャオギャオといいました。そして、まだ六つにもなっていないのに、たいていの大人よりずっとやかましい音を立てることができました。王子様は、大声でわめき散らしながら、おなべとやかんをぶつけ合わせ、おまけにヒューッと口笛を鳴らすことができました。

王子様の大好きな遊びは、ドラムかんとブリキのバケツを高く積み上げて山にし、それから、大きな音を立てて、ガラガラガッシャンガッシャンガッシャンと、その山をくずすことでした。王子様は、はしごを使って、山をどんどん、どんどん高くしていき、音をどんどん、どんどんやかましくしていきました。□、どんなに音をやかましくしても、これで十分という気持ちになれませんでした。「もっとやかましい音が聞きたい。もっともっとやかましい音が聞きたい。世界でいちばんやかましい音が聞きたい。」と、王子様は思いました。

ベンジャミン・エルキン作／松岡 享子 訳『新しい国語 五』東京書籍

① ほとんど、大部分と同じ意味の言葉を文中から選びましょう。

（　　　　）

② ガヤガヤの町でとくにやかましいのはだれですか。

（　　　　）

③ ②の人の名前と年れいを書きましょう。

名前（　　　　）

年れい（　　　　）

④ 王子様が出せる三つのやかましい音に線を引きましょう。

⑤ 王子様の大好きな遊びに使うものは何ですか。三つ書きましょう。

（　　　　）（　　　　）（　　　　）

⑥ 文中の□に入る言葉を選んで○をつけましょう。

（　）けれども

（　）しかも

（　）だから

物語文

世界でいちばんやかましい音②

名前

月　日

次の文章を読んで後の問いに答えましょう。


「うん、少しはいいと思うけど。」

と、王子様は言いました。

「でも、それだって、世界でいちばんやかましい音というわけにはいかないと思うんだ。」

王様は、たいへんやさしいかたでした。でも、だんだん（1）し始めました。

「いったい、どうすりゃ気がすむんだ？　おまえに何かいい考えでもあるのか？」

「うん、ぼく、ずうっと前から考えてたんだ。世界中の人が、一人残らず、同時にどなったら、どんな音になるだろうって。何百万、何千万、何億もの人が、みんないっしょに『ワアー。』ってさけんだら、きっと、それが、世界でいちばんやかましい音だと思うんだ。」

「ふうむ。」と、王様は考えこみました。考えれば考えるほど、これはおもしろいという気がしてきました。

「こいつは、いける。」と、王様は思いました。「それに、（2）、これを実現《じつげん》させたら、わしは、全世界の人間に同時に同じことをさせた世界最初の王として、歴史《れきし》に名前が残るわけじゃ。」

「よし、やってみよう！」

と、王様は言いました。


ベンジャミン・エルキン作／松岡 享子 訳『新しい国語 五』東京書籍

① （1）に入る言葉を選んで○をつけましょう。

（　）にこにこ
（　）いらいら
（　）わくわく

② 王子様がずっと前から考えていたことは何ですか。

（　　　　　）

③ それが指すところをぬき書きしましょう。

（　　　　　）

④ こいつが指すことを選んで○をつけましょう。

（　）王子様
（　）世界中の人
（　）世界でいちばんやかましい音を出すこと。

⑤ （2）に入る言葉を選んで○をつけましょう。

（　）もし
（　）ただ
（　）でも

⑥ 王様は何になることで歴史に名前が残ると思ったのですか。

（　　　　　）

物語文 世界でいちばんやかましい音③

名前　　　　月　　日

次の文章を読んで後の問いに答えましょう。

この町の歴史《れきし》が始まって以来、初めて、ガヤガヤの町は、しいんと静まり返りました。世界でいちばんやかましい音で、王子様の誕《たん》生日《じょうび》をお祝いするはずだったのに……。

人々は、王子様に悪いことをしたと思いました。申しわけなさとはずかしさで、人々は、頭をたれ、こそこそと家に帰りかけました。

ところが、急に、足を止めました。あれは、何でしょう？　宮殿《きゅうでん》のバルコニーから聞こえてくる、あの音は？

まさかと思いましたが、まちがいありません。王子様です。王子様がうれしそうに手をたたいているのです！　王子様は、しきりにはしゃいで、とんだりはねたりしながら、庭の方を指差していました。

生まれて初めて、王子様は、小鳥の歌を聞いたのです。木《こ》の葉《は》が風にそよぐ音を、小川を流れる水の音を聞いたのです。生まれて初めて、王子様は、人間の立てるやかましい音ではなく、自然の音を聞いたのです。生まれて初めて、王子様は、静けさと落ち着きを知ったのです。そして、王子様は、それがすっかり気に入りました。

ベンジャミン・エルキン作／松岡 享子 訳『新しい国語 五』東京書籍

① 今までに、ガヤガヤの町が静まり返ったことはありますか。

（　　　）

② 町の人々は何で王子様の誕生日のお祝いをするはずでしたか。

（　　　）

③ あの音とはだれが何をしている音ですか。

（　　　）

④ まさかと思った理由に○をつけましょう。

（　）宮殿のバルコニーから王子様がはしゃぐ音が聞こえてきたから。

（　）世界でいちばんやかましい音が聞こえなかったから。

（　）生まれて、初めて小鳥の歌を聞いたから。

⑤ 小鳥の歌、木の葉が風にそよぐ音、小川が流れる水の音を別の言葉で何の音と表現《ひょうげん》していますか。

（　　　）

⑥ それがとは何のことですか。

（　　　）

ファイト！

物語文

注文の多い料理店 ①

名前

月　日

次の文章を読んで後の問いに答えましょう。

二人のわかいしんしが、すっかりイギリスの兵隊の形をして、ぴかぴかする鉄ぽうをかついで、白くまのような犬を二ひき連れて、だいぶ山おくの、木の葉のかさかさしたとこを、こんなことを言いながら、歩いておりました。

中略《ちゅうりゃく》

それに、あんまり山がものすごいので、その白くまのような犬が、二ひきいっしょに目まいを起こして、しばらくうなって、それからあわをはいて死んでしまいました。

「実にぼくは、二千四百円の損害《そんがい》だ。」

と、一人のしんしが、その犬のまぶたを、ちょっと返してみて言いました。

「ぼくは二千八百円の損害だ。」

と、もう一人が、くやしそうに、頭を曲げて言いました。

初めのしんしは、少し顔色を悪くして、じっと、もう一人のしんしの、顔つきを見ながら言いました。

「ぼくはもうもどろうと思う。」

「さあ、ぼくもちょうど寒くはなったし、はらはすいてきたし、もどろうと思う。」

「そいじゃ、これで切り上げよう。なあに、もどりに、昨日の宿屋で、山鳥を十円も買って帰ればいい。」

「うさぎも出ていたねえ。そうすれば結局おんなじこった。では帰ろうじゃないか。」

宮沢賢治『新しい国語 五』東京書籍

① 白くまのような犬は、目まいを起こしてうなってからどうなりましたか。

（　　　　）

② 二千四百円の損害とは何を表していますか。

（　　　　）

③ ここでの切り上げるとはどうすることかを選んで○をつけましょう。

（　）二千四百円をあげること。

（　）寒いし、はらがすいてきたのでもどること。

（　）山鳥のねだんをねぎること。

④ 結局おんなじこったとは、何が同じことなのですか。選んで○をつけましょう。

（　）山鳥もうさぎも十円であること。

（　）どっちの道を行っても宿屋につくということ。

（　）自分でとっても宿屋で買ってもえものを持って帰れるということ。

⑤ 二人のわかいしんしは、山おくで何をしていましたか。考えて書きましょう。

（　　　　）

物語文

注文の多い料理店 ②

名前

月　日

次の文章を読んで後の問いに答えましょう。

　二人はげんかんに立ちました。げんかんは白い瀬戸《せと》のれんがで組んで、実にりっぱなもんです。

　そしてガラスの開き戸がたって、そこに金文字でこう書いてありました。

　【どなたもどうかお入りください。決してごえんりょはありません。】

　二人はそこで、ひどく喜《よろこ》んで言いました。

「こいつはどうだ。やっぱり世の中はうまくできてるねえ。今日一日なんぎしたけれど、今度はこんないいこともある。このうちは料理店だけれども、ただでごちそうするんだぜ。」

「どうもそうらしい。決してごえんりょはありませんというのはその意味だ。」

　二人は戸をおして、中へ入りました。そこはすぐろう下《か》になっていました。そのガラス戸のうら側には、金文字でこうなっていました。

　【ことに太ったおかたやわかいおかたは、大かんげいいたします。】

　二人は大かんげいというので、もう大喜びです。

「君、ぼくらは大かんげいに当たっているのだ。」

「ぼくらは両方かねてるから。」

　ずんずんろう下を進んでいきますと、今度は水色のペンキぬりの戸がありました。

「どうも変なうちだ。どうしてこんなにたくさん戸があるのだろう。」

宮沢賢治『新しい国語　五』東京書籍

① げんかんは何でできていますか。

（　　　　）

② 開き戸には何と書いてありましたか。

（　　　　）

③ こいつが指すものを選んで○をつけましょう。

（　）二人のうちの相手

（　）お入りくださいと書いた人

（　）開き戸の文字の内容《ないよう》

④ 苦労と同じ意味の言葉を文中からさがしましょう。

（　　　　）

⑤ ただでごちそうすると思ったのは、どんな言葉からですか。

（　　　　）

⑥ 両方かねてるとはどんなことですか。

（　　　　）

⑦ 「どうも変なうちだ。」とありますが、どんなことが変なのですか。

（　　　　）

物語文

注文の多い料理店③

名前　　　　月　　日

次の文章を読んで後の問いに答えましょう。


「どうもおかしいぜ。」

「ぼくもおかしいと思う。」

「たくさんの注文というのは、向こうがこっちへ注文してるんだよ。」

「だからさ、西洋料理店というのは、ぼくの考えるところでは、西洋料理を、来た人に食べさせるのではなくて、来た人を西洋料理にして、食べてやるうちと、こういうことなんだ。これは、その、つ、つ、つ、つまり、ぼ、ぼ、ぼくらが……。」

がたがたがたがたふるえだして、もうものが言えませんでした。

「その、ぼ、ぼくらが、……うわあ。」

がたがたがたがたふるえだして、もうものが言えませんでした。

「にげ……。」

がたがたしながら、一人のしんしは後ろの戸をおそうとしましたが、どうです、戸はもう一分も動きませんでした。

おくの方にはまだ一枚《いちまい》戸があって、大きなかぎあなが二つ付き、銀色のホークとナイフの形が切り出してあって、

【いや、わざわざご苦労です。たいへんけっこうにできました。さあさあ、おなかにお入りください。】

と書いてありました。おまけに、かぎあなからは、きょろきょろ二つの青い目玉がこっちをのぞいています。

「うわあ。」がたがたがたがた。

「うわあ。」がたがたがたがた。

二人は泣きだしました。

宮沢賢治『新しい国語 五』東京書籍

① こっちと同じ意味で使われている言葉に線を引きましょう。

② ぼくの考えるところとはどんなことですか。

（　　　　　　　　　　）

③ 「その、ぼ、ぼくらが、……」の……にはどんな言葉が入りますか。

（　　　　　　　　　　）ということなんだ。

④ 文中の一分と同じ使い方を選んで○をつけましょう。

（　）タイムが一分おそくなった。

（　）一分のすきもない人間だ。

（　）対戦成績《せいせき》は三勝二敗一分けだ。

⑤ 文中のおまけと同じ意味に使われている文を選んで○をつけましょう。

（　）雨がふり、おまけに風も強い。

（　）おまけにおもちゃがついていた。

（　）百円おまけします。

⑥ がたがたがたとは何の音ですか。選んで○をつけましょう。

（　）ドアをおす音
（　）こわくて体がふるえる音
（　）二つの青い目玉が動く音

物語文　だいじょうぶ　だいじょうぶ①

名前

月　　日

次の文章を読んで後の問いに答えましょう。

ぼくが今よりずっと赤ちゃんに近く、おじいちゃんが今よりずっと元気だったころ、ぼくとおじいちゃんは毎日のように、お散歩を楽しんでいました。

ぼくたちのお散歩は、家の近くをのんびりと歩くだけのものでしたが、遠くの海や山をぼうけんするような楽しさにあふれていました。

草も木も、石も空も、虫もけものも、人も車も。

ときには、たまごを運ぶありや鼻の頭をけがしたねこにさえ、古くからの友達のようにおじいちゃんは声をかけていました。

そんなおじいちゃんと手をつないでとことこ歩いていると、ぼくの周りは、まほうにでもかかったみたいにどんどん広がっていくのでした。

いとう ひろし『新しい国語 五』東京書籍

① ぼくとおじいちゃんが毎日のようにしていたことは何ですか。

（　　　　　　　　）

② ぼくたちのお散歩はどんなものですか。

（　　　　　　　　）

③ 家の近くのお散歩が、なぜ遠くの海や山のぼうけんのように感じたのですか。正しいものを選んで○をつけましょう。

（　）ぼうけんのようにあぶなかったから。
（　）ぼうけんのようにわくわくと楽しかったから。
（　）ぼうけんのように遠くまで歩いたから。

④ 古くからの友達のようにとはどんな気持ちがこめられていますか。正しいものを選んで○をつけましょう。

（　）やさしく愛情《あいじょう》深い気持ち。
（　）昔をなつかしむ気持ち。
（　）元気でいてほしい気持ち。

⑤ まほうにでもかかったみたいにとはどんなことですか。正しいものを選んで○をつけましょう。

（　）まほうのようにふしぎ。
（　）まほうのようにこわい。
（　）まほうのようにありえない。

物語文 だいじょうぶ　だいじょうぶ ②

名前

月　日

次の文章を読んで後の問いに答えましょう。

でも、新しい発見や楽しい出会いが増《ふ》えれば増えるだけ、こまったことや、こわいことにも、出会うようになりました。

お向かいのけんちゃんは、わけもなくぼくをぶつし、おすましのくみちゃんは、ぼくに会うたびに顔をしかめます。犬はうなって歯をむき出すし、自動車は、タイヤをきしませて走っていきます。

飛行機は空から落ちることがあるのも知ったし、あちらにもこちらにも、おそろしいばいきんがうようよしてるってことも知りました。いくら勉強したって読めそうにない字があふれているし、何だか、このまま大きくなれそうにないと、思えるときもありました。

だけどそのたびに、おじいちゃんが助けてくれました。

おじいちゃんは、ぼくの手をにぎり、おまじないのようにつぶやくのでした。

「だいじょうぶ、だいじょうぶ。」

いとう ひろし『新しい国語 五』東京書籍

① 何が増えれば増えるだけ、何に出会うようになりましたか。

（　　　　）が増えれば増えるだけ、（　　　　）に出会うようになった。

② おすましとはどんな意味ですか。正しい言葉を選んで〇をつけましょう。

（　）気どっている
（　）いじわる
（　）気が強い

③ このまま大きくなれそうにないと思った理由で正しいものを選んで〇をつけましょう。

（　）こまったことやこわいことが解決《かいけつ》できそうにないと思えたから。
（　）こわいことが起こり大人になる前に死んでしまうのではと思ったから。
（　）身長が低いまま大人なってしまうと思ったから。

④ おまじないのようにという言葉からわかる、おじいちゃんの気持ちに〇をつけましょう。

（　）願いがかなってほしいという気持ち。
（　）心配しないでいいという気持ち。
（　）自分ではどうすることもできないという気持ち。

物語文

だいじょうぶ　だいじょうぶ ③

名前

月　日

次の文章を読んで後の問いに答えましょう。

「だいじょうぶ、だいじょうぶ。」

ぼくとおじいちゃんは、何度その言葉をくり返したことでしょう。けんちゃんともくみちゃんとも、いつのまにか仲良くなりました。犬に食べられたりもしませんでした。

何度も転んでけがもしたし、何度も病気になりました。でもそのたびに、すっかりよくなりました。車にひかれることもなかったし、頭に飛行機が落ちてくることもありませんでした。むずかしい本も、いつか読めるようになると思います。もっともっと、たくさんの人や動物や草や木に出会えると思います。

ぼくは、（1）大きくなりました。おじいちゃんは、（2）年を取りました。

だから今度はぼくの番です。

おじいちゃんの手をにぎり、何度でも何度でもくり返します。

「だいじょうぶ、だいじょうぶ。」

だいじょうぶだよ、おじいちゃん。

いとう ひろし『新しい国語 五』東京書籍

① その言葉とは何ですか。

（　　　　）

② そのたびにが指していることに○をつけましょう。

（　）けがをしたり病気になったりしたこと。

（　）だいじょうぶをくりかえしたこと。

（　）すっかりよくなったこと。

③ これから、ぼくにできることは何ですか。二つ書きましょう。

（　　　　）

（　　　　）

④ （1）（2）には同じ言葉が入ります。正しい言葉を選んで○をつけましょう。

（　）ずんずん

（　）ずいぶん

（　）ちょっと

⑤ なぜ今度はぼくの番になったのですか。理由を想像《そうぞう》して書きましょう。

（　　　　）

物語文 **たずねびと①**

名前

月　日

次の文章を読んで後の問いに答えましょう。

翌日《よくじつ》の放課後、メモに「死没者《しぼつしゃ》数」なども写し取ってから、ポスターをながめていると、後ろから頭をちょんとつつかれた。じゅくに行くとちゅうのお兄ちゃんだった。

「綾《あや》、何してるの。」

わたしは、「楠木《くすのき》アヤ」と書いてある所を指さした。

「びっくりだね。」

お兄ちゃんもポスターを見つめた。

「広島市から来たポスターかあ――。」

広島市。となりの県の県庁所在地《けんちょうしょざいち》。世界で初めて原子爆弾《げんしばくだん》が落とされたところ――わたしが知っているのは、それくらいだ。

お兄ちゃんは、ぱっと時計を見た。

「まずい、おくれる。綾も、さっさと帰れ。」

わたしは、お兄ちゃんに引っぱられるようにして駅の構内《こうない》をぬけた。

その夜、夕ご飯が終わってからお母さんにポスターの話をした。夢《ゆめ》の話はしなかった。ただ、「アヤちゃんのこと、どうして何十年もだれもさがしにこないのかな。」と不思議に思っていたことをきいてみたのだ。

そこへ、お兄ちゃんも帰ってきた。

「綾はね、駅で、すごくしんけんにポスターを見てたんだよ。」

朽木 祥『国語 五 銀河』光村図書

① 後ろから頭をつつかれたとき、わたしは何をしていましたか。

（　　　　）

② 「びっくりだね。」と言ったのはだれですか。

（　　　　）

③ わたしの知っている広島市とは、どんなところですか。二つ書きましょう。

（　　　　）

（　　　　）

④ おくれるとは何におくれるのですか。

（　　　　）

⑤ お母さんにポスターの話をしたのはいつですか。

（　　　　）

⑥ わたしが不思議に思っていたこととはどんなことですか。

（　　　　）

次の文章を読んで後の問いに答えましょう。

それを聞くと、おばあさんはだまりこんでしまった。

わたしはこまってお兄ちゃんを見た――おばあさんをがっかりさせてしまったにちがいないと思ったのだ。

［　］、そうではなかった。おばあさんは、ほうきとちりとりをわきに置くと、しゃがんで供養塔《くようとう》に手を合わせ、こう言ったのだ。

「アヤちゃん、よかったねえ。もう一人のアヤちゃんがあなた（ア）に会いに来てくれたよ。」

やがておばあさんは顔を上げると、しわだらけの顔いっぱいに、もっとしわをきざんでわたしに笑いかけた。目には光るものがあったので、泣き笑いみたいな表情《ひょうじょう》だった。

「この楠木《くすのき》アヤちゃんの夢《ゆめ》やら希望やらが、あなた（イ）の夢や希望にもなって、かなうとええねえ。元気で長《なご》う生きて、幸せにおくらしなさいよ。」

わたしははずかしくなって下を向いてしまった。そんなことは考えたこともなかったからだ。

朽木　祥『国語五　銀河』光村図書

①　［　］に入る言葉を選んで○をつけましょう。
（　）しかも
（　）だが
（　）やはり

②　そうとは何をさしていますか。
（　　　　）

③　どんなことがよかったのですか。
（　　　　）

④　ア――のあなたとイ――のあなたはそれぞれだれのことですか。文中の言葉で二つずつ答えましょう。
ア（　　）（　　）
イ（　　）（　　）

⑤　目には光るものとは、何のことですか。
（　　　　）

⑥　そんなこととはどんなことですか。一つ選んで○をつけましょう。
（　）なくなった楠木アヤさんのこと。
（　）楠木アヤさんの夢や希望を知ること。
（　）自分の夢や希望をかなえて元気で長生きすること。

次の文章を読んで後の問いに答えましょう。

秋の日は短くて日がしずみかけていた。川土手を□歩いて橋に向かった。

静かに流れる川、夕日を受けて赤く光る水。

わたしはらんかんにもたれた。お兄ちゃんもせかさなかった。この橋をわたったときには、きれいな川はきれいな川でしかなかった。ポスターの名前が、ただの名前でしかなかったように。

昼過《す》ぎに、資料館《しりょうかん》で読んだ説明が思い出された――この辺りは、元はにぎやかな町だった。町には多くの人々がくらしていた。だが、あの朝、一発の爆弾《ばくだん》が町も人も、この世から消してしまった。

消えてしまった町、名前でしかない人々、名前でさえない人々、数でしかない人々、数でさえない人々。

だけど、あのおばあさんが言っていたように、わたしたちがわすれないでいたら――楠木《くすのき》アヤちゃんが確《たし》かにこの世にいて、あの日までここで泣いたり笑ったりしていたこと、そして、ここでどんなにおそろしいことがあったかということ――をずっとわすれないでいたら、世界中のだれも、二度と同じような目にあわないですむのかもしれない。

メモに書いた「楠木アヤ」という文字を、また指でなぞった。

朽木 祥『国語 五 銀河』光村図書

① □に入る言葉を選んで○をつけましょう。

（　）元気に

（　）急いで

（　）ゆっくり

② らんかんとは何ですか。正しい意味を選んで○をつけましょう。

（　）川土手にある木のこと。

（　）橋のたもとのこと。

（　）橋のてすりのこと。

③ お兄ちゃんがせかさなかったのはなぜですか。最も正しい文を選んで○をつけましょう。

（　）静かに流れる川や夕日の景色をもう少し見ていたかったから。

（　）資料館の見学でつかれたから。

（　）妹が爆弾でなくなった町や人のことを考えているだろうと感じたから。

④ 数でしかない人々の「数」とは何ですか。選んで○をつけましょう。

（　）爆弾でなくなった人数。

（　）消えてしまった町にくらしていた人数。

（　）ポスターにのっている名前の数。

⑤ おそろしいこととはどんなことですか。文中の言葉を使って書きましょう。

（　　　　）

物語文

大造じいさんとガン ①

名前

月　日

次の文章を読んで、後の問いに答えましょう。

ア
今年も、残雪《ざんせつ》は、ガンの群れを率《ひき》いて、ぬま地にやってきました。

イ
残雪というのは、一羽《いちわ》のガンにつけられた名前です。左右のつばさに一か所ずつ、真っ白な交じり毛をもっていたので、かりゅうどたちからそうよばれていました。

ウ
残雪は、このぬま地に集まるガンの頭《とう》領《りょう》らしい、なかなかりこうなやつで、仲間がえ（えさ）をあさっている間も、油断《ゆだん》なく気を配っていて、りょうじゅうのとどく所まで、決して人間を寄《よ》せつけませんでした。

エ
大造《だいぞう》じいさんは、このぬま地をかり場にしていたが、いつごろからか、この残雪が来るようになってから、一羽のガンも手に入れることができなくなったので、いまいましく思っていました。

オ
そこで、残雪がやって来たと知ると、大造じいさんは、今年こそはと、かねて考えておいた特別な方法に取りかかりました。

カ
それは、いつもガンのえをあさる辺り一面にくいを打ちこんで、タニシを付けたウナギつりばりを、たたみ糸で結び付けておくことでした。じいさんは、一晩《ひとばん》中かかって、たくさんのウナギつりばりをしかけておきました。今度は、なんだかうまくいきそうな気がしてなりませんでした。

椋鳩十『国語 五 銀河』光村図書

① 「残雪」という名前は、どんなところからつけられましたか。

［　　　　］もっている、［　　　　］が

残り雪のようだから。

② 大造じいさんはどんな仕事をしていますか。文中から言葉を選んで書きましょう。

［　　　］でガンをうって手に入れる、

［　　　］とよばれる仕事。

③ 大造じいさんは、なぜ一羽のガンも手に入れることができなくなったのですか。その理由が書いてある段《だん》落《らく》の記号に、○をつけましょう。

④ いまいましいとはどういう意味でしょう。正しいものに○をつけましょう。

（　）悲しい　（　）こまっている

（　）残念　（　）はらが立つ

⑤ 大造じいさんの考えていた、特別な方法とは、どんなことですか。

（　　　　　　）

⑥ 大造じいさんがうまくいきそうな気がしたのはなぜですか。最も合うものに○をつけましょう。

（　）一晩中かかってしかけたから。

（　）特別な方法に自信があったから。

（　）今までうまくいかなかったから。

物語文

大造じいさんとガン ②

名前

月　日

次の文章を読んで、後の問いに答えましょう。

今年もまた、ぼつぼつ、例のぬま地にガンの来る季節になりました。

大造《だいぞう》じいさんは、生きたドジョウを入れたどんぶりを持って、鳥小屋の方に行きました。じいさんが小屋に入ると、一羽《いちわ》のガンが、羽をばたつかせながら、じいさんに飛び付いてきました。

このガンは、二年前、じいさんがつりばりの計略《けいりゃく》で生けどったものだったのです。今では、すっかりじいさんになついていました。ときどき、鳥小屋から運動のために外に出してやるが、ヒュー、ヒュー、ヒューと口笛をふけば、どこにいてもじいさんのところに帰ってきて、そのかた先に止まるほどになれていました。

ア大造じいさんは、ガンがどんぶりからえを食べているのを、じっと見つめながら、

「今年はひとつ、これを使ってみるかな。」

と独《ひと》り言《ごと》を言いました。

じいさんは、長年の経験《けいけん》で、ガンは、いちばん最初に飛び立ったものの後について飛ぶ、ということを知っていたので、このガンを手に入れたときから、ひとつ、これをおとりに使って、残雪《ざんせつ》の仲間をとらえてやろうと、考えていたのでした。

椋鳩十『国語 五 銀河』光村図書

① 鳥小屋にいるガンは、大造じいさんがいつ、どういう方法で生けどったものですか。

いつ（　　　）

方法（　　　）

② ①のガンは、大造じいさんにどれほどなれていますか。文中のその部分に線を引きましょう。

③ ア――で、大造じいさんはガンをどんな気持ちで見つめていましたか。最も合うものを選んで○をつけましょう。

（　）うまそうにエサを食べているなあ。

（　）すごくなついてくれて、かわいいなあ。

（　）今度のかりに役立ってもらおう。

④ 大造じいさんが、長年の経験で知ったガンの性質《せいしつ》を書きましょう。

（　　　）

⑤ おとりとは、どういう意味ですか。□に入る言葉を［　］から選んで記号を書きましょう。

他の鳥を□ための□の鳥。

ア さそい寄《よ》せる　イ 遠ざける　ウ にがす
エ 同種　オ 野生　カ 大型

物語文 大造じいさんとガン ③

名前

月　日

次の文章を読んで後の問いに答えましょう。

「あっ。」

一羽《いちわ》、飛びおくれたのがいます。

大造《だいぞう》じいさんのおとりのガンです。長い間飼いならされていたので、①野鳥としての本能《ほんのう》がにぶっていたのでした。

ハヤブサは、その一羽を見のがしませんでした。

じいさんは、ピュ、ピュ、ピュと口笛をふきました。

②こんな命がけの場合でも、飼い主のよび声を聞き分けたとみえて、ガンは、こっちに方向を変えました。

ハヤブサは、その道をさえぎって、パーンと一けり けりました。

ぱっと、白い羽毛《うもう》があかつきの空に光って散りました。ガンの体はななめにかたむきました。

もう一けりと、ハヤブサがこうげきの姿《し》勢《せい》をとったとき、さっと、大きなかげが空を横切りました。

残雪《ざんせつ》です。

大造じいさんは、ぐっとじゅうをかたに当て、残雪をねらいました。が、③なんと思ったか、再《ふたた》びじゅうを下ろしてしまいました。

残雪の目には、人間もハヤブサもありませんでした。ただ、救《すく》わねばならぬ仲間のすがたがあるだけでした。

いきなり、てきにぶつかっていきました。

そして、あの大きな羽で、力いっぱい相手をなぐりつけました。

椋鳩十『国語 五 銀河』光村図書

① ①——はどういうことを表していますか。□の中に文中から合う言葉を選んで書きましょう。

おとりのガンは長い間人間に（　　）いたので（　　）などのてきから身を守ったりする（　　）がうまく働かず、飛びおくれた。

② ②——とはどんな場合ですか。正しいものを一つ選んで○をつけましょう。

（　）飼い主に口笛でよばれている場合。

（　）飛びおくれて、ハヤブサにねらわれている場合。

（　）おとりとしての役目をはたしている場合。

③ 大造じいさんを③——のようにさせたのは、残雪のどんな様子を見たからですか。本文から三行をぬき書きしましょう。

（　　　　）

④ 大造じいさんはなぜ、じゅうを下ろしたのでしょう。一番合うものに○をつけましょう。

（　）残雪が、自分の身の安全よりも仲間を助けようとしているから。

（　）じゅうをうてば、残雪だけでなく、おとりのガンにもあたるように思えたから。

（　）残雪がハヤブサと戦えばいいと思ったから。

伝記 やなせたかしーアンパンマンの勇気 ①

名前

月　日

次の文章を読んで後の問いに答えましょう。

やなせたかし（本名　柳瀬《やなせ》　嵩《たかし》）は、一九一九年に東京で生まれた。両親と二さい下の弟との四人家族だったが、たかしが五さいのとき、新聞記者をしていた父親が病死してしまう。たかしと弟は母親とはなれ、高知県のおじ夫婦《ふうふ》のもとに引き取られることになった。

おじもおばも、二人を本当の子どものようにかわいがってくれた。しかし、たかしの中にはどこかえんりょする気持ちがあり、どうしてもすなおになることができない。

「おじさんもおばさんもよくしてくれる。なのに、むねがつぶれるようにさびしいのは、なぜだろう。」

弟の千尋《ちひろ》にもそんな思いを打ち明けることができず、中学校に進むころには、たかしは内気な少年になっていた。

そんなたかしを救《すく》ったのは、絵をかくことだった。夢中《むちゅう》になってかいているときだけは、さびしさをわすれることができたのだ。

たかしはいつしか、将来《しょうらい》はまんが家になりたいという夢《ゆめ》をいだくようになった。

本格的《ほんかくてき》に美術《びじゅつ》の勉強をするために上京し、東京高等工芸学校に入学したのは、一九三七年、十八さいのときである。直後に日本は中国との戦争を始めたが、たかしの学生生活は、自由で充実《じゅうじつ》したものだった。

梯久美子『国語 五 銀河』光村図書

① やなせたかしはいつどこで生まれましたか。

いつ（　　　）

どこで（　　　）

② たかしが五さいのときにどんなできごとがありましたか。二つに分けて書きましょう。

（　　　）

（　　　）

③ たかしがさびしいのはなぜだと思いますか。選んで○をつけましょう。

（　）母親とはなれて遠い高知でくらしているから。

（　）たかしは内気で友達がいないから。

（　）おじ夫婦が自分によくしてくれるのが申しわけないと思ったから。

④ たかしがさびしさをわすれることができたのは何をしているときですか。

（　　　）

⑤ たかしの夢は何でしたか。

（　　　）

伝記 やなせたかし―アンパンマンの勇気 ②

名前

月　日

次の文章を読んで後の問いに答えましょう。

たかしは考え続けた。

「じゃあ、この世に正義《せいぎ》はないのだろうか。みんな自分勝手に生きているだけなのか。それじゃあ、あまりにむなしすぎる。」

戦後の日本は貧《まず》しく、着る物も食べる物も不足していた。あちこちに空襲《くうしゅう》の焼けあとも残っている。たかしは生活のために、高知で廃品回収《はいひんかいしゅう》の仕事を始めた。そんなある日、たかしは道ばたで、おさない兄弟がおにぎりを分け合って食べているのを見た。服はよごれていたが、二人とも幸せそうに笑っていた。そのえがおを見て、たかしははっとした。

「本当の正義とは、おなかがすいている人に、食べ物を分けてあげることだ。」

戦争は、人を殺《ころ》すことだが、食べ物を分けることは、人を生かすことであり、命をおうえんすることだ――そう気がついたのだ。

「今も世界中に戦争をしている国があって、あのときのぼくよりもっと苦しい思いをしている人たちがいる。うえて死んでしまう子どももいる。その人たちを助けるのは、どんなときも正しいことのはずだ。」

梯久美子『国語 五 銀河』光村図書

① 戦後の日本はどんな様子でしたか。二つに分けて書きましょう。

（　　　　）

（　　　　）

② たかしの思う本当の正義とはどんなことですか。文中のその部分に線を引きましょう。

③ 食べ物を分けることはどんなことだとたかしは気づいたのですか。

（　　　　）

④ ③に気づいたのは、どんな出来事からですか。

（　　　　）が（　　　　）を

（　　　　）のを見たこと。

⑤ その人たちとはどんな人たちですか。

□□□□□□□□で、

□□□□□をしている人たち。

□□□□□□□□□子ども。

伝記 やなせたかし―アンパンマンの勇気 ③

名前

月　日

次の文章を読んで後の問いに答えましょう。

たかしは五十四さいのとき、一さつの絵本を出版《しゅっぱん》した。タイトルは「あんぱんまん」。後に日本中の人気者になるアンパンマンの誕《たん》生《じょう》である。

アンパンマンは、それまでのヒーローとはちがっていた。顔がぬれただけで力をなくしてしまうし、かっこいい武器《ぶき》も持っていない。でも、こまった人や傷《きず》ついた人がいると、まっ先にかけつける。そして、自分の顔を食べさせることで元気をあたえるのだ。それは、たかしが戦争のつらい経験《けいけん》をもとに、正義《せいぎ》や命について考えぬいた末に生み出した主人公だった。

けれども、アンパンマンは最初、大人たちから評判《ひょうばん》が悪かった。「顔を食べさせるなんて、ざんこくだ。」というのだ。だが、たかしには、「正義を行い、人を助けようとしたら、自分も傷つくことをかくごしなければならない。」という信念があった。

「自分の食べ物をあげてしまったら、自分がうえるかもしれない。いじめられている人をかばったら、自分がいじめられるかもしれない。それでも、どうしてもだれかを助けたいと思うとき、本当の勇気がわいてくるんだ。」

たかしは、人気が出なくてもアンパンマンをかき続けた。

梯久美子『国語五 銀河』光村図書

① たかしが五十四さいのときに出版した絵本のタイトルは何ですか。

（　　　　）

② アンパンマンはどんなヒーローでどのような行動をしますか。文中のその部分に線を引きましょう。

③ アンパンマンの行動は、たかしのどんな経験がもとになっていますか。

（　　　　）

④ 最初、大人たちからのアンパンマンの評判が悪かったのはなぜですか。

「（　　　　）」と、大人たちは思ったから。

⑤ たかしの信念はどんなことですか。

（　　　　）

⑥ 本当の勇気とはどんなときにわいてくるのですか。

（　　　　）

伝記

手塚治虫①

名前

月　日

次の文章を読んで後の問いに答えましょう。

　四年生になって、治《おさむ》のかいた「ピンピン生《せい》チャン」というまんがが、教室で大評判《ひょうばん》になった。そのころ、日本は戦争中で、本屋にもまんが本は売っていなかった。それでみんなは、治がノートにかいたまんがを回覧《かいらん》して楽しんでいたのである。

　ある日、治のまんがを読んでいた女の子が先生に見つかり、ノートを取り上げられた。

「きっと大目玉をくらうぞ。二度とまんがをかいたらいけないと言われるんだろうな。」

　治は覚《かく》ごを決めた。

　□、乾《いぬい》先生はおこるどころか、よくできているとほめてくれたのだ。

「このまんがの続きをかいたら、わたしにも読ませてほしいな。」

　先生の言葉に、治はほっとした。そして先生は続けて、こう言った。

「手塚《てづか》は大人になったら、まんが家になれるかもしれないよ。」

　治は、最初びっくりし、次には飛び上がりたいほど、うれしい気持ちになった。先生は、治のまんがをみとめてくれ、大きな自信と勇気をあたえてくれた。

国松俊英『新しい国語 五』東京書籍

① 四年生になって治のかいたまんがの題名は何でしょう。

（　　　　）

② みんなは治のかいたまんがをどのように楽しんでいましたか。

（　　　　）楽しんでいた。

③ 治が覚ごしたことを、二つ書きましょう。

（　　　　）

（　　　　）

④ □に入る言葉を選んで○をつけましょう。

（　）だから

（　）さらに

（　）ところが

⑤ 治がほっとしたのはなぜですか。正しい文を選んで○をつけましょう。

（　）先生にしかられず、しかもほめられたから。

（　）自分のかいたまんがが大評判になったから。

（　）二度とまんがをかいたらいけないと言われたから。

⑥ 治に大きな自信と勇気をあたえてくれた言葉は何ですか。

「　　　　」

伝記

手塚治虫 ②

名前

月　日

次の文章を読んで後の問いに答えましょう。

ペンネームは、好きな虫であるオサムシからつけた「治虫《おさむ》」を使った。新人まんが家、手《て》塚《づか》治虫の誕生《たんじょう》である。

しばらくして手塚治虫は、ベテランのまんが家、酒井七馬《さかいしちま》と二人でまんが本を作った。一九四七年（昭和二十二年）一月に刊行《かんこう》したまんが「新宝島《しんたからじま》」は、大ヒット作となった。この本がヒットしたのは、治虫が全く新しい手法でまんがをかいたからである。

それまでのまんがは、演劇《えんげき》の舞台《ぶたい》のように固定された画面でかかれていた。同じ画面に、同じ大きさの人物が出てきて、せりふをしゃべるだけである。けれど治虫は、まんがにもっと動きをあたえ変化をつけようと、映《えい》画《が》の手法であるクローズアップやロングショットを使った。

大切な場面になると、何コマも使って同じ人物をかいていき、顔の表情《ひょうじょう》や動きをいきいきとえがき出した。画面を上からや下からなど、いろんな角度から見てかく手法もとった。

どれも、それまでなかったまんがのかき方だ。スピード感が出て、はく力《りょく》があり、人物の心の動きまでが読む人に伝わってくる。

治虫は小学生のころから、たくさんの映画を見てきた。そのことが役立った。

国松俊英『新しい国語 五』東京書籍

① 「新宝島」が大ヒットしたのはなぜですか。

（　　　　）

② それまでのまんがはどんな画面でかかれていたのですか。

（　　　　）

③ 映画の手法とはどんな手法ですか。

（　　　　）

④ 治虫のまんがのかき方にはどんなよさがありますか。三つに分けて書きましょう。

（　　）が出る。

（　　）がある。

（　　　　）が伝わってくる。

⑤ 治虫のまんがのかき方に役立ったことは何ですか。

（　　　　）

よく考えて！
君ならとけるよ

名前　　月　　日

伝記

手塚治虫 ③

次の文章を読んで後の問いに答えましょう。

一九五〇年（昭和二十五年）十一月には、雑誌《ざっし》で「ジャングル大帝《たいてい》」の連載《れんさい》を始めた。アフリカ中央部のジャングルの王者、白いライオンの物語である。二年後に生み出したのは、空想科学まんが「鉄腕《てつわん》アトム」だった。アトムは、七つの超能力《ちょうのうりょく》を持つロボットだが、人間と同じような温かい心を持っていた。一九五三年（昭和二十八年）には、少女雑誌で「リボンの騎士《きし》」の連載を始めた。少女サファイヤが剣《けん》を取って、悪い人間と戦う物語だ。どれも長編《ちょうへん》で、しっかりしたストーリーのもとに作られていた。

こうして売れっ子のまんが家になっていった治虫《おさむ》だが、さらにもう一つの夢《ゆめ》を大切に育てていた。アニメーションを作ることである。そのため、ディズニーの映画《えいが》が来ると、必ず映画館に足を運んだ。長編アニメ「バンビ」が公開されたときは、初日の一回目に行き、夜まで七回の上映を全部見た。毎日映画館に行って、「バンビ」を計八十回も見て、作り方を研究した。

一九六一年（昭和三十六年）、治虫は東京の練馬区《ねりまく》に、アニメーションのスタジオを作った。最初は実験アニメーションから始め、翌年《よくねん》には日本初のテレビアニメーション「鉄腕アトム」の製作《せいさく》を始めた。長い間の夢をとうとう実現《じつげん》させたのである。

国松俊英『新しい国語 五』東京書籍

① 治虫のかいた作品と合う内容《ないよう》を［　］から選んで記号で書きましょう。

ジャングル大帝（　　）
鉄腕アトム（　　）
リボンの騎士（　　）

ア 少女サファイアが悪い人間と戦う物語
イ アフリカの白いライオンの物語
ウ 七つの超能力を持つロボットの物語

② 治虫のもう一つの夢は何でしょう。

（　　　　）

③ ②のためにしたことは何でしょう。

（　　　　）

④ 「バンビ」が公開されたときは、合計で何回作品を見ましたか。

（　　　　）

⑤ 治虫の実現させた夢とは何を始めたことですか。

（　　　　）

「火の鳥」や「ブラック・ジャック」も有名だよ

説明文

言葉と事実 ①

名前

月　日

次の文章を読んで後の問いに答えましょう。

次のリレーのたいこう戦を例にして考えてみましょう。五年の一組と二組が学級たいこうのリレーをしました。それぞれ五人のリレー選手を出しました。リレーのとちゅうでは、二組のほうが速く、四人が走り終わった時には二組が勝っていました。けれども、最終ランナーのところで、一組が二組をぬいて、勝ったのです。

このリレーのことを、一組の夏目《なつめ》さんは、「大勝利」という見出しで学級新聞に書こうと思いました。二組は強敵《きょうてき》で、勝つことがむずかしいと思っていたため、最終ランナーでの逆転《ぎゃくてん》勝ちは「大勝利」だと思ったからです。同じ一組の春村《はるむら》さんは、最後のランナーが二組のランナーをあざやかにぬいたことが心に残ったので、「快勝《かいしょう》」という見出しがぴったりではないかと思いました。

一方、二組の秋田《あきた》さんは、「おしくも敗れる」と、学級新聞の見出しをつけました。ほとんど勝っていたリレーだったのに、本当におしいところで負けたという感想をもっていたからです。

一組は二組に大勝利をおさめた。

一組は二組に快勝した。

二組は一組におしくも敗れた。

□、事実は同じでも、表現《ひょうげん》する人の立場や感じ方によって、言葉がちがっています。

福沢 周亮『ひろがる言葉 小学国語 五上』教育出版

① 新聞や雑《ざっ》しなどの記事のタイトルと同じ意味の言葉を文中からさがしましょう。

（　　　）

② 学級たいこうリレーは何組が勝ちましたか。

（　　　）

③ 夏目さんが「大勝利」だと思ったのはなぜですか。

（　　　）

④ 春村さんが「快勝」だと思ったのはなぜですか。

（　　　）

⑤ □に入る言葉を選んで○をつけましょう。

（　）このように

（　）なぜなら

（　）たとえば

⑥ 事実は同じなのに、言葉がちがっているのはなぜですか。

（　　　）

説明文

言葉と事実②

名前

月　日

次の文章を読んで後の問いに答えましょう。

言葉がちがうと、受け取る側の印象《いんしょう》もちがいます。「大勝利」ですと、価値《かち》ある勝利であるとか、非常《ひじょう》に強かったということが印象に残りますし、「快勝《かいしょう》」ですと、気持ちよく勝ったという印象があります。「おしくも敗れた」では、勝ちそうだったのに、もうちょっとのところで負けた、という感じがします。そのため、一組の新聞を読んだ場合と、二組の新聞を読んだ場合とでは、たいこう戦について、言葉から想像《そうぞう》する「事実」がちがってきます。

言葉のあたえる印象のちがいに注意を向けた、こんな話もあります。数十年前のアメリカのあるデパートでのことです。同じ男子用ハンカチを、売り場の両はしに分けて積んでおき、次のような札をつけておいたところ、①の札をつけておいたほうがよく売れたというのです。

①（　　　　）

②（　　　　）

八時間の間に、①では、二十六人が手に取って見て、十一人が買っていったのに対し、②では、六人が手に取って見て、二人が買っていきました。同じ商品のハンカチですが、売れゆきにちがいがあったのです。

福沢 周亮『ひろがる言葉 小学国語 五上』教育出版

① 言葉がちがうと何がちがうのですか。

（　　　　）

② 「大勝利」はどんな印象が残りますか。

（　　　　）

③ 「快勝」だとどんな印象がありますか。

（　　　　）

④ 「おしくも敗れた」ではどんな感じがしますか。

（　　　　）

⑤ 一組と二組の新聞を読んだ場合では何がちがってくるのですか。

（　　　　）

⑥ 文中の①②に入る札に書いてある言葉はアとイのどちらですか。

①（　　）　②（　　）

ア 織《お》りのやわらかい、交じりけのないアイルランドあさのハンカチーフ　特価《とっか》　三枚《さんまい》五十セント

イ 手ふき　三枚二十五セント

説明文
言葉と事実 ③

名前

月　日

次の文章を読んで後の問いに答えましょう。

同じ（1）でも、（2）によってちがった「事実」の受け取り方をする、ということがよくわかるでしょう。そればかりか、人は、（3）だけを信用し、（4）に目を向けずに行動してしまうことがあるのです。

　これまであげてきた例のようなことは、わたしたちの日常《にちじょう》生活の中でもよく起きています。事実と言葉が結びついていても、人がちがえばことなった言葉で表され、ことなった（5）をあたえることがあります。そこには、一人一人のものの見方のちがいが表れているのです。そして時には、「受け取る側にこんな（5）をあたえよう」と考えて、言葉が用いられることもあります。

　このように考えると、わたしたちが話したり書いたりするときには、ある一つの事実を表すにも、それをどのようにとらえ、どのように表すかということに気を配る必要があります。一方、話を聞いたり、本を読んだりするときには、話し手や書き手が事実をどのような言葉で表しているか、その言葉によって、その人がどのようなものの見方をし、どのような目的で、何を伝えようとしているか、というところまで考えてみる必要があるのです。

福沢 周亮『ひろがる言葉 小学国語 五上』教育出版

① （1）（2）（3）（4）に「事実」ならA、「言葉」ならBと書きましょう。

1（　）　2（　）　3（　）　4（　）

② 同じ（1）でも、人によってことなる言葉で表されるのは、何が理由ですか。

（　　　　）

③ （5）に入る言葉を選んで○をつけましょう。

（　）事実
（　）言葉
（　）印象《いんしょう》

④ それとは何を表していますか。

（　　　　）

⑤ 話を聞いたり、本を読んだりするとき、話し手や書き手のどのようなことを考えてみる必要がありますか。

・どのような□□で表しているか。
・どのような□□□□□をしているか。
・どのような□□で伝えようとしているか。

説明文

固有種が教えてくれること①

名前　　月　　日

次の文章を読んで後の問いに答えましょう。

ウサギといえば、耳が長くてぴょんぴょんはねる、鳴かない動物――そう考える人が多いのではないでしょうか。□、アマミノクロウサギという種はちがいます。耳は約五センチメートルと短く、ジャンプ力は弱く、そのうえ「ピシー」という高い声で鳴くのです。このウサギは、日本だけに生息しています。このような、特定の国やちいきにしかいない動植物のことを「固有種」といいます。

固有種には、古い時代から生き続けている種が多くいます。アマミノクロウサギも、およそ三百万年以上前からほぼそのままのすがたで生きてきたとされる、めずらしいウサギです。このウサギと比《くら》べることで、「耳が長い」「ぴょんぴょんはねる」「鳴かない」というふつうのウサギの特徴《とくちょう》が、長い進化の過《か》程《てい》で手に入れられたものなのだということが分かります。固有種と他の種とを比べることは、生物の進化の研究にとても役立つのです。日本には、固有種がたくさん生息するゆたかな環境《かんきょう》があります。わたしは、この固有種たちがすむ日本の環境を、できるだけ残していきたいと考えています。

今泉 忠明『国語 五 銀河』光村図書

① ウサギとは、ふつうどんな動物ですか。特徴を三つに分けて書きましょう。

② □に入る言葉を選んで○をつけましょう。

（　）しかし
（　）そして
（　）さらに

③ アマミノクロウサギの特徴を三つに分けて書きましょう。

④ 固有種とは何ですか。

⑤ アマミノクロウサギはいつからほぼそのままのすがたで生きてきましたか。

⑥ 固有種と他の種とを比べることは何に役立つのですか。

説明文

固有種が教えてくれること②

名前

月　日

次の文章を読んで後の問いに答えましょう。

　では、現状《げんじょう》はどうでしょうか。明治時代以降《いこう》、人間の活動が活発になり、森林のばっさいや外来種の侵入《しんにゅう》が進みました。それによって、動物たちのすむ場所が消失するという問題が起こり、すでに絶滅《ぜつめつ》したほ乳類《にゅうるい》もいます。最もよく知られているのは、本州・四国・九州に生息し、一九〇五年に記録されたものを最後に消息を絶ったニホンオオカミでしょう。二〇一二年には、ニホンカワウソの絶滅が宣言《せんげん》されました。ニホンリスも数が減少《げんしょう》しており、すでに九州では絶滅したのではないかともいわれています。自然の作用ではなく、人間の活動によって、固有種が減《へ》ってきているのです。

　この問題が分かってから、固有種などを天然記念物に指定したり、絶滅のおそれのある動植物を「絶滅危惧《きぐ》種」などとランク分けしたりして、積極的な保護《ほご》が行われてきました。例えばニホンカモシカは、らんかくによって一時は絶滅したのではないかとされ、「まぼろしの動物」とよばれるほどに減少しました。しかし、一九五五年に特別天然記念物として保護されるようになると再《ふたた》び増加《ぞうか》し、現在《げんざい》は全国に十万頭以上にまで増《ふ》えました。保護したことがよい結果を生んだのです。

今泉 忠明『国語 五 銀河』光村図書

① 明治時代以降、人間の活動が活発になると何が進みましたか。

（　　　）

② すでに絶滅したほ乳類で最もよく知られているのはどんな動物ですか。

（　　　）

③ 二〇一二年に絶滅を宣言されたのはどんな動物ですか。

（　　　）

④ 九州では絶滅したのではないかといわれているのはどんな動物ですか。

（　　　）

⑤ 固有種が減ってきている原因《げんいん》は何ですか。

（　　　）

⑥ 積極的な保護とはどんなことですか。文中のその部分に線を引きましょう。

⑦ なぜニホンカモシカは「まぼろしの動物」とよばれているのですか。

（　　　）

説明文

固有種が教えてくれること③

名前

月　日

次の文章を読んで後の問いに答えましょう。

しかし、いいことばかりは続きませんでした。ニホンカモシカは、生息場所である天然林が減少《げんしょう》するのにともなって、植林地に現《あらわ》れ、幼木《ようぼく》の芽を食べるようになりました。それがきらわれ、特別天然記念物にもかかわらず、ちいきによっては害獣《がいじゅう》としてくじょされるようになったのです。固有種の保護《ほご》は、その生息環境《かんきょう》の保護とのバランスが重要なのです。

今、絶滅《ぜつめつ》が心配されている固有種が数多くいます。絶滅してしまうと、その動物には二度と会うことができなくなります。数万から数百万年もの間生き続けてきた固有種は、生物の進化や日本列島の成り立ちの生き証人《しょうにん》としてきちょうな存在《そんざい》です。また、日本列島のゆたかで多様な自然環境が守られていることのあかしでもあります。その固有種は、この日本でしか生きていくことができません。ですから、わたしたちは、固有種がすむ日本の環境をできる限り残していかなければなりません。それが、日本にくらすわたしたちの責任《せきにん》なのではないでしょうか。

今泉 忠明『国語 五 銀河』光村図書

① ニホンカモシカは生育場所の天然林からどこに現れるようになりましたか。

（　　　　）

② ①で何をするようになりましたか。

（　　　　）

③ くじょとはどんな意味ですか。正しい意味を選んで○をつけましょう。

（　）追いはらうこと
（　）みとめること
（　）助けること

④ 固有種は、生物の進化や日本列島の成り立ちの生き証人とはどういうことですか。正しい文を選んで○をつけましょう。

（　）固有種が生物の進化や日本列島の成り立ちを支《ささ》えてきたから。
（　）固有種は生物の進化や日本列島の成り立ちを見るように長く生き続けてきたから。
（　）固有種は生物の進化や日本列島の成り立ちのえいきょうを受けずに生きてきたから。

⑤ わたしたちの責任とはどんなことですか。

（　　　　）

説明文「弱いロボット」だからできること①

名前

月　日

次の文章を読んで後の問いに答えましょう。

現在《げんざい》、わたしたちを取り囲《かこ》むテクノロジーは、目まぐるしい進歩を続けています。インターネットから必要な情報《じょうほう》をいつでも得《え》られるスマートフォンやパソコンは、もはやわたしたちの生活の一部となりました。かつては夢《ゆめ》の技術《ぎじゅつ》であった自動車の自動運転機能《きのう》も実用化が進んでいます。ロボットについても、かいごや家庭など、人と関わる際《さい》に使われるものが登場し、高性能化《こうせいのうか》が進んでいます。

テクノロジーが進歩し、次々に新しい製品《せいひん》が開発される背景《はいけい》には、「便利で高い性能を持つものほどよいものだ」という考えがあります。しかし、そうした「何かをしてくれる」製品が世の中にあふれることにより、わたしたちは、自分が「□」存在《そんざい》であることをあたりまえのように感じるようになります。そうすると、わたしたちはますます多くの機能や便利さを求めるようになり、してくれないことにがまんができなくなったり、してもらって当然だという気持ちになったりすることが増《ふ》えてしまいます。

岡田　美智男『新しい国語　五』東京書籍

① テクノロジーとはどんな意味ですか。正しい意味に○をつけましょう。

（　）科学技術のこと
（　）地球かん境《きょう》のこと
（　）ロボット製品のこと

② 今、実用化が進んでいる夢の技術だったものとは何ですか。

（　　　　）

③ 高性能化が進んでいるものは何ですか。

（　　　　）

④ 次々に新しい製品が開発される背景にはどんな考えがありますか。

（　　　　）

⑤ □に入る言葉に○をつけましょう。

（　）何かをしてあげる
（　）何かをしてくれる
（　）何かをしてもらう

⑥ あたりまえと同じ意味の言葉を文の中から選びましょう。

（　　　　）

説明文

「弱いロボット」だからできること ②

名前

月　日

次の文章を読んで後の問いに答えましょう。

具体的に、「ごみ箱ロボット」の例を見てみましょう。「ごみ箱ロボット」は、その名前の通り、ごみ箱の形をしたロボットです。見た目はほとんどごみ箱であり、そこに車輪が付いて動けるようになっているものです。このロボットには、ごみを拾うための機能《きのう》がありません。底に付いた車輪を使って、よたよたと歩きながらごみを見つけます。この歩く動きは、まるで□生き物のように見えます。このごみ箱ロボットの様子を見た人は、思わず、手にしたごみを投げ入れたり、落ちているごみを拾って投げ入れたりします。すると、このロボットは、センサーによってごみが投げ入れられたことを感知し、ほんの小さくおじぎをします。ごみを投げ入れた人は、これを見て、なんとなくうれしい気持ちになるでしょう。こうやって周りの人の協力を得《え》ながら、このロボットはその場をきれいにすることができるのです。

このように、「弱いロボット」には、周りの人の協力を引き出したり、行動をさそったりする力があります。また、ロボットと人の関わりにおいても、たがいの思いが伝わる気がしたり、手伝うことの喜《よろこ》びを感じたりすることができます。

岡田 美智男『新しい国語 五』東京書籍

① ごみ箱ロボットはどんな形をしていますか。

（　　　　）

② ごみ箱ロボットはどのように歩きますか。

（　　　　）

③ □に入る言葉に〇をつけましょう。

（　）強そうな
（　）すばやい
（　）たよりない

④ 人がごみを入れるとロボットはどうしますか。

（　　　　）

⑤ ごみ箱ロボットが得る、周りの人の協力とはどんなことですか。

（　　　　）

⑥ 弱いロボットにはどんな力がありますか。

（　　　　）

⑦ 正しい文に〇をつけましょう。

（　）ごみ箱ロボットはごみを拾うロボットである。
（　）ごみ箱ロボットの様子を見た人にごみを投げ入れさせるロボットである。
（　）弱いロボットはこわれやすいロボットである。

説明文「弱いロボット」だからできること③

名前

月　日

次の文章を読んで後の問いに答えましょう。

　この「弱いロボット」が持つ「弱さ」は、人間の赤ちゃんに似《に》ているのではないでしょうか。生まれて半年ほどの赤ちゃんは、歩くこともできませんし、言葉を話すこともできません。一人で何もできないという意味では、「弱い」存在《そんざい》だと言えるでしょう。しかし赤ちゃんは、何もできないのに、周りの大人たちの関心と手助けを引き出します。赤ちゃんがぐずりだすと、大人たちは、「おなかがすいたのだろうか」「遊んでほしいのかな」などと考え、ミルクを用意したり、おもちゃで遊んだりします。「弱い」存在でありながら、周囲《しゅうい》の人々の協力を引き出すことで、食事をとり、ほしいものを手にすることができるのです。

　赤ちゃんは、その「弱さ」ゆえに、人々との関わりを作りだす力を持っています。さらに、赤ちゃんを共に世話する集団《しゅうだん》として、周囲の人どうしの協力関係も作りだしているのです。ごみ箱ロボットが、自分では十分な機能《きのう》を持たずにその場所をきれいにすることができるのは、こうした関わり合いを、ロボットと人間の間に、あるいは、その場にいる人間どうしの間に作ることができるからなのです。それは、「何かをしてもらう」人間と「何かをしてくれる」ロボットのような関係ではなく、たがいに支《ささ》え合う心地《ここち》よい関係だと言えるでしょう。

岡田 美智男『新しい国語 五』東京書籍

① 弱いロボットが持つ弱さは何に似ていますか。

（　　）

② 赤ちゃんは弱い存在だと言えるのはどうしてですか。

（　　）

③ 赤ちゃんは何もできないのに、周りの大人たちから何を引き出しますか。

（　　）

④ 赤ちゃんの弱さが持っている力はどんな力ですか。

（　　）

⑤ ごみ箱ロボットがその場所をきれいにできるための関わりは何と何の間に作られますか。二つ書きましょう。

（　　）

（　　）

⑥ 「弱いロボット」と人間の関係とはどんな関係ですか。

（　　）

説明文

言葉の意味が分かること①

名前

月　日

次の文章を読んで後の問いに答えましょう。

あなたが、小さな子どもに「コップ」の意味を教えるとしたらどうしますか。言葉でくわしく説明しても、子どもはその説明に出てくる言葉を知らないかもしれません。「実物を見せればいい。」と思う人もいるでしょう。□、コップには、色や形、大きさなど、さまざまなものがあります。持ち手のついた小さい赤いコップと、持ち手のない大きなガラスのコップ、どちらをコップとして見せればよいでしょうか。また、コップのような形をしていても、花《か》びんとして作られたものがあるかもしれません。スープを入れる皿にも、コップに似《に》たものがありそうです。そう考えると、使い方も理解《りかい》してもらわなければなりません。

ここから分かるように、「コップ」という一つの言葉が指すものの中にも、色や形、大きさ、使い方など、さまざまな特徴《とくちょう》をもったものがふくまれます。つまり「コップ」の意味には広がりがあるのです。また、その広がりは、「皿」「わん」「湯のみ」「グラス」「カップ」といった他の食器や、「花びん」のような他の似たものを指す言葉との関係で決まってくるのです。

今井 むつみ『国語 五 銀河』光村図書

① □に入る言葉を選んで○をつけましょう。

（　）しかし
（　）だから
（　）つまり

② コップにはさまざまなものがありますが、見た目はそれぞれどこがちがっていますか。三つ書きましょう。

（　）（　）（　）

③ どちらとは、何と何をさしていますか。

（　）
（　）

④ コップのような形をしていてもコップではないものを文中から二つ書きましょう。

（　）として作られたもの。
スープを入れる（　）。

⑤ 「コップ」の意味の広がりは、他の食器や似たものを指す言葉との関係で決まってきます。その例として挙げられているものを文中から六つさがして線を引きましょう。

⑥ 正しい文に○をつけましょう。

（　）コップの意味を教えるのには実物を見せればいい。
（　）コップの意味を言葉でくわしく教えると小さな子どもは理解できる。
（　）コップの意味を教えるには使い方も理解してもらわなければならない。

説明文

言葉の意味が分かること②

名前

月　日

次の文章を読んで後の問いに答えましょう。

つまり、この言いまちがいの原因《げんいん》は、自分が覚えた言葉を、別の場面で使おうとしてうまくいかなかったことといえます。言葉の意味のはんいを広げて使いすぎたのです。

同じことは、母語ではない言語を学ぶときにも起こります。

「朝食にスープを食べました。」

これは、アメリカ人の留学生《りゅうがくせい》が言った言葉です。日本語では、スープは「飲む」と表《ひょう》現《げん》することが多いため、日本語を母語とする人が聞くと、やや不自然に聞こえます。子どもとはちがい、この留学生は、「飲む」という言葉を知らなかったわけではありません。それでは、どうしてこのような表現をしたのでしょうか。

それは、英語と同じ感覚で「食べる」という言葉を使ったことが原因です。英語では、ものを食べる動作を「eat《イート》」という言葉で表しますが、これをスープに対しても使うため、「スープを食べる」という表現をしたのでしょう。日本語の「食べる」と、英語の「eat」は似《に》た意味の言葉ですが、意味のはんいがちがうのです。「食べる」と「eat」以外の言葉にも、こういったちがいはあります。

今井 むつみ『国語 五 銀河』光村図書

① 「朝食にスープを食べました。」と言ったのはだれですか。

（　　　　）

② 日本語ではスープを「食べる」ことを何と表現しますか。

スープを（　　　　）

③ ①のような表現をした原因は何ですか。

（　　　　）

④ ものを食べる動作のことを英語では何という言葉で表現しますか。

（　　　　）

⑤ 日本語の「食べる」と英語の「eat《イート》」は似ていますが何がちがうのですか。

（　　　　）

⑥ 正しい文に○をつけましょう。

（　）アメリカの留学生は「飲む」という言葉を知らなかった。

（　）「スープを食べる」という表現は日本語ではやや不自然に聞こえる。

（　）「食べる」と「eat」はまったく同じ言葉である。

説明文

言葉の意味が分かること③

名前

月　日

次の文章を読んで後の問いに答えましょう。

わたしたちが新しく言葉を覚えるときには、物や様子、動作と言葉とを、一対一で結び付けてしまいがちです。これは、言葉の意味を「点」として考えているといえます。しかし、言葉の意味には広がりがあり、言葉を適切《てきせつ》に使うためには、そのはんいを理解《りかい》する必要があります。つまり、母語でも外国語でも、言葉を学んでいくときには、言葉の意味を「面」として理解することが大切になるのです。

さらに、言葉の意味を「面」として考えることは、ふだん使っている言葉や、ものの見方を見直すことにもつながります。あなたは、これまでに、「かむ」と「ふむ」が似《に》た意味の言葉だと思ったことはありましたか。どうしてスープは「食べる」ではなく、「飲む」というのか、考えたことがありましたか。これらの例は、知らず知らずのうちに使い分けている言葉を見直すきっかけとなります。そして、わたしたちが自然だと思っているものの見方が、決して当たり前ではないことにも気づかせてくれます。みなさんは、これからも、さまざまな場面で言葉を学んでいきます。また、外国語の学習にもちょうせんするでしょう。そんなとき、「言葉の意味は面である」ということについて、考えてみてほしいのです。

今井 むつみ『国語 五 銀河』光村図書

① 次の文は、言葉の意味を「点」と「面」のどちらで理解していますか。（　）に点か面のどちらかを書きましょう。

ア（　）物や様子、動作と言葉を一対一で結びつける。

イ（　）言葉の意味の広がりとはんいを理解する。

② 言葉の意味を「面」として考えることはどんなことにつながりますか。

（　）

③ これらの例とは、どんなことですか。

（　）

（　）

④ 決して当たり前ではないこととは何ですか。

（　）

⑤ 正しい文に○をつけましょう。

（　）言葉の意味を点で理解しなければならない。

（　）言葉の意味を面として理解することが大切である。

（　）日本語より外国語のほうが言葉の意味が広い。

説明文

和の文化を受けつぐ ―和菓子をさぐる ①

名前

月　日

次の文章を読んで後の問いに答えましょう。

　かつて、「菓子《かし》」という言葉は木の実や果物のことを意味していました。あまい物が少なかったため、今のわたしたちが菓子を食べるように、木の実や果物を食べていたのでしょう。その一方で、もちやだんごのようなものは、保存《ほぞん》のためや野山に持っていくために作られていたと考えられています。こうした日本古来の食べ物に、外国から来た食べ物がえいきょうをあたえることで、和菓子《わがし》の歴史《れきし》に変化が生まれます。

　えいきょうをあたえたものの一つ目は、飛鳥《あすか》から平安《へいあん》時代に、中国に送られた使者が伝えた唐菓子《とうがし》です。唐菓子の多くは、米や麦の粉《こな》のきじをさまざまな形に作り、油であげたものでした。二つ目は、鎌倉《かまくら》から室町《むろまち》時代に、中国に勉強に行った僧《そう》が伝えた点心《てんしん》です。点心とは、食事の間にとる軽い食べ物のことですが、この中に、まんじゅうやようかんなどの原形となるものがありました。三つ目は、戦国時代から安土桃山《あづちももやま》時代を中心に伝わった南蛮菓子《なんばんがし》です。ポルトガルやスペインから、カステラやコンペイトー、ボーロなどの菓子が伝わりました。これらの食べ物の製《せい》法《ほう》などが、日本の菓子に応用《おうよう》されていったのです。

中山圭子『新しい国語 五』東京書籍

① かつて「菓子」という言葉は何のことを意味していましたか。

（　　　　）

② もちやだんごのようなものは何のために作られていましたか。

（　　　　）

③ 日本古来の食べ物にえいきょうをあたえたものは何ですか。

（　　　　）

④ 唐菓子は何時代にだれが伝えたものですか。

時代（　　　　）

だれ（　　　　）

⑤ 点心とは何ですか。

（　　　　）

⑥ カステラやコンペイトー、ボーロなどの菓子を何といいますか。

（　　　　）

がんばったら
おやつを食べよう！

説明文 和の文化を受けつぐ ―和菓子をさぐる ②

名前

月　日

次の文章を読んで後の問いに答えましょう。

和菓子《わがし》は年中《ねんちゅう》行事と結び付き、人々の生活の中に根付いていきました。年中行事には、季節の変わり目や、何かの節目に関わるものが多くあり、そこで食べる和菓子には、子どもの成長や家族の健康など、人々の願いや思いがこめられているものがあります。

例えば、三月三日のももの節句には、ひしもちや草もちなどを食べ、五月五日のたんごの節句《せっく》には、かしわもちやちまきなどを食べます。ひしもちや草もちには、わざわいをよせ付けないようにという願いがこめられているといわれ、かしわもちには、子孫はん栄《えい》の願いがこめられているといわれています。

また、和菓子は茶道《さどう》とも深い関わりを持っています。茶道では、四季の移《うつ》り変わりや季節の味わいを大切にしています。そのため、茶会で使われる和菓子にも同様に、季節をたくみに表現《ひょうげん》したものが求められてきました。

中山 圭子『新しい国語 五』東京書籍

① 和菓子は何と結び付き、どこに根付いていきましたか。

（　　　　）と結び付き、

（　　　　）に根付いています。

② 人々の願いや思いとは何ですか。

（　　　　）

③ 三月三日のももの節句には、何を食べますか。

（　　　　）

④ 五月五日のたんごの節句には、何を食べますか。

（　　　　）

⑤ ひしもちや草もちにはどんな願いがこめられているといわれていますか。

（　　　　）

⑥ かしわもちにはどんな願いがこめられていますか。

（　　　　）

⑦ なぜ茶会で使われる和菓子には、季節をたくみに表現したものが求められるのですか。

（　　　　）

説明文 和の文化を受けつぐ ―和菓子をさぐる③

名前

月　日

次の文章を読んで後の問いに答えましょう。

また、和菓子《わがし》作りには、梅やきくの花びらなどの形を作るときに使う「三角べら」や「和ばさみ」、らくがんを作るときに使う「木型《きがた》」など、さまざまな道具が必要です。さらに、あずきや寒天、くず粉《こ》などの上質《じょうしつ》な材料も和菓子作りには欠かせませんが、それらの多くは、昔ながらの手作業によって作られています。和菓子作りに関わる道具や材料を作る人たちも、和菓子の文化を支《ささ》えているのです。

一方、和菓子を作る職人《しょくにん》がいても、それを食べる人がいなければ、和菓子はいずれなくなってしまうのではないでしょうか。

□、わたしたちが季節の和菓子を味わったり、年中《ねんちゅう》行事に合わせて作ったりすることも、和菓子の文化を支えることだといえるでしょう。和菓子は、和菓子作りに関わる職人だけではなく、それを味わい楽しむ多くの人に支えられることで、現在《げんざい》に受けつがれているのです。

中山 圭子『新しい国語 五』東京書籍

① 和菓子作りに使う道具を三つあげましょう。

（　　）（　　）（　　）

② 和菓子作りに欠かせない上質な材料を三つあげましょう。

（　　）（　　）（　　）

③ 和菓子がなくなってしまわないためには職人とだれが必要ですか。

（　　）

④ □に入る言葉を選んで○をつけましょう。

（　）ですから
（　）ところが
（　）たとえば

⑤ 和菓子の文化を支えるためにわたしたちができることを二つあげましょう。

（　　）
（　　）

⑥ 正しい文二つに○をつけましょう。

（　）和菓子の道具や材料作りは手作業が多い。
（　）和菓子を食べる人も和菓子を支えている。
（　）和菓子はいずれなくなってしまう。

説明文 想像力のスイッチを入れよう①

名前

月　日

次の文章を読んで後の問いに答えましょう。

学校のマラソン大会で、あなたが十位に入ったとしよう。あなたの、前回のマラソン大会での結果は、五位だったとする。順位が下がったあなたは、こう言うだろう。

「前回より、五位も下がってしまいました。」

□、先生はこう言うかもしれない。

「でも、三十秒もタイムがちぢまっていますよ。」

このように、同じ出来事でも、何を大事と思うかによって、発信する内容《ないよう》がずいぶんちがってくる。

これは、学校や家庭での会話だけで起こることではない。わたしたちは、テレビやインターネット、新聞など、さまざまな手段《しゅだん》で世の中の情報《じょうほう》を得《え》ている。こうした手段のことを「メディア」というが、これらメディアから発信される情報もまた、事実の全ての面を伝えることはできない。それぞれのメディアは、大事だと思う側面を切り取って、情報を伝えているのである。

下村健一『国語 五 銀河』光村図書

① □に当てはまる言葉を選んで○をつけましょう。

（　）だから
（　）もし
（　）しかし

② マラソン大会の結果で、あなたと先生はそれぞれ何を大事にしているのですか。

あなた……（　　）
先生……（　　）

③ 文中での、わたしたちが世の中の情報を得ている手段とは何ですか。三つ書きましょう。

（　　）（　　）（　　）

④ ③以外で、わたしたちが情報を得ている手段をあと一つ考えて書きましょう。

（　　）

⑤ 情報を得ている手段のことを何といいますか。

（　　）

⑥ メディアからの情報も全ての面を伝えることができないのはなぜですか。

（　　）が、（　　）だと思う（　　）から。

説明文 想像力のスイッチを入れよう②

名前

月　日

次の文章を読んで後の問いに答えましょう。

そして、いったん立ち止まったら、次は、メディアが伝えた情報《じょうほう》について、冷静に見直してみよう。この報道の中で、

「Aさんは、報道陣《じん》をさけるためか、うら口からにげるように出ていきました。」

というレポートがあったとする。これを聞くと、あなたは、Aさんが何かをかくしているように思わないだろうか。（1）、うら口から出たのは、その方向に行く必要があったからかもしれない。こう想像《そうぞう》してみると、「報道陣をさけるためか」というのは、レポーターがいだいた印象《いんしょう》にすぎない可能性《かのうせい》がある。

（2）、急がなければならない理由があったのかもしれないから、「にげるように」も印象だろう。（3）、想像力を働かせながら、一つ一つの言葉について、『事実かな、印象かな。』と考えてみることが大切である。このレポートから、印象が混《ま》じっている可能性のある表現《ひょうげん》を取りのぞくと、結局、確《たし》かな事実として残るのは、「Aさんは／うら口から／出ていきました」という言葉だけになる。

ここには、Aさんが次の監督《かんとく》になると判断《はんだん》する材料は何もない。

下村健一『国語 五 銀河』光村図書

① （1）（2）（3）に当てはまる言葉を［　］から選んで記号を書きましょう。

1（　）　2（　）　3（　）

［ア このように　イ しかし　ウ また］

② 次の言葉は「事実」ですか「印象」ですか。（　）に事実はア、印象はイと書きましょう。

Aさんは…………（　）
報道陣をさけるためか…………（　）
うら口から…………（　）
にげるように…………（　）
出ていきました…………（　）

③ ここ とは何をさしていますか。

（　）

④ 「最後には」という意味の言葉を文中からさがしましょう。

（　）

⑤ 「①元気そうな／②赤ちゃんは／③気持ちよさそうに／④夢《ゆめ》を見ながら／⑤ねている。」という文を事実と印象に分けて、番号を書きましょう。

事実（　）
印象（　）

説明文

想像力のスイッチを入れよう③

名前

月　日

次の文章を読んで後の問いに答えましょう。

結局、サッカーチームの次の監督《かんとく》には、別の人が選ばれた。Aさんは関係なかったのである。しかし、この期間、Aさんは多方面から注目され、Aさんに大きな仕事をたのもうとしていた会社が、「Aさんは監督になるから、いそがしくなるだろう。」と、他の人にその仕事のいらいを変更《へんこう》してしまうなどのことが起こった。

ここに例示《れいじ》した報道《ほうどう》は、架空《かくう》の話である。しかし、このように、思いこみや推測《すいそく》によってだれかを苦しめたり、だれかが不利益《ふりえき》を受けたりすることは、実際《じっさい》に起こりうるのだ。

メディアは、わざとわたしたちをだましたり、あやまった思いこみをあたえたりしようとしているわけではない。少しでも早く、分かりやすく、情報《じょうほう》を伝えようと工夫する中で、時に、思いこみにつながる表現《ひょうげん》になってしまうことがあるのだ。そんな思いこみを防《ふせ》ぐために、メディアの側も、情報を受け取るあなたの側も、それぞれに努力が必要なのである。

あなたの努力は、「想像《そうぞう》力のスイッチ」を入れることだ。あたえられた小さいまどから小さい景色をながめるのでなく、自分の想像力でかべを破《やぶ》り、大きな景色をながめて判断《はんだん》できる人間になってほしい。

下村健一『国語 五 銀河』光村図書

① 架空とはどんな意味ですか。正しいものを選んで〇をつけましょう。

（　）頭の中で想像してつくり出すこと。
（　）まちがって伝えられること。
（　）みんなが知っていること。

② 報道での思いこみや推測で起こりうることはどんなことですか。

（　　　　　　　　）

③ それぞれとは、何と何ですか。

（　　　）と（　　　）

④ あなたの努力は何をすることですか。

（　　　　　　　　）

⑤ 小さい景色とはどんなことですか。正しい文を選んで〇をつけましょう。

（　）遠くから見た自然の風景。
（　）特定の部分に限定《げんてい》された情報。
（　）自分だけで考えようとすること。

⑥ 正しい文に〇をつけましょう。

（　）メディアはわざとわたしたちをだますことがある。
（　）メディアもわたしたちも思いこみを防ぐ努力が必要である。
（　）メディアはいつも分かりやすく情報を伝えている。

説明文

動物たちが教えてくれる海の中のくらし ①

名前

月　日

次の文章を読んで後の問いに答えましょう。

動物たちは海の中で何を見て、どんなことを考えて日々くらしているのだろうか。あたりまえのことだが、動物たちはすでに答えを知っている。どうしてもそれを知りたい研究者たちは、新しい手法を考案した。動物にデータロガーという小型《こがた》の記録計を取り付けて、わたしたちが観察できない海中の行動を、動物たちに直接《ちょくせつ》教えてもらうのだ。動物が自分の行動データを取ってくるこのやり方には、「バイオロギング」という名前が付いている。「バイオロギング」とは、「生物が（バイオ）記録する（ロギング）」という意味である。

このバイオロギングを使ってさまざまな動物たちのデータを取っていく中で、不思議なことに気がついた。それは、泳ぐ速さと体の大きさの関係だ。（1）、体重十二キログラムのキングペンギンは、えさがある深さと水面の間を往復《おうふく》するとき、時速七・六キロメートルで泳いでいた。（2）、体重三百三十キログラムのウェッデルアザラシは、時速五・四キロメートルで泳いでいた。人間の場合、体の大きい大人は小さい子どもより速く歩く。だから、体の大きなウェッデルアザラシのほうが当然速く泳いでいると思っていたのに、小さなキングペンギンのほうがやや速く泳いでいることになる。

佐藤 克文『新しい国語 五』東京書籍

① 文中の答えに対する問いの文をぬき書きしましょう。

（　　　）

② 動物に取り付ける小型の記録計を何と言いますか。

（　　　）

③ バイオロギングとはどんなやり方ですか。

（　　　）

④ バイオロギングとはどんな意味ですか。

（　　　）

⑤ 不思議なこととは何ですか。

（　　　）

⑥ （1）（2）に入る言葉を選んで、記号を書きましょう。

1（　　　）　2（　　　）

ア 一方　イ 例えば

⑦ なぜキングペンギンよりウェッデルアザラシの方が速く泳ぐと思っていたのですか。

（　　　）

説明文

動物たちが教えてくれる海の中のくらし②

名前

月　日

● 次の文章を読んで後の問いに答えましょう。

どうやら、体が大きいからといって、必ずしも速く泳ぐわけではなさそうだ。

　このことを確《たし》かめるためには、もっと大型《おおがた》の動物のデータが必要になる。わたしは、マッコウクジラの研究者に協力してもらい、マッコウクジラの海中での動きについて、データを取ってきてもらった。人間をひと飲みにできそうなほど大きなマッコウクジラの場合、いったいどれほど深くもぐり、どのくらいの速さで泳いでいるのだろう。

　マッコウクジラに取り付けた装置《そうち》には、クジラの動きがくわしく記録されていた。マッコウクジラは、千メートル以上の深さまでもぐっていた。そのときの泳ぐ速さは、時速五・八キロメートルだった。体重十トンをこえるマッコウクジラは、ペンギンやアザラシよりもはるかに大きいから、もっと速く泳ぐと思っていたが、ペンギンやアザラシと同じような速さで泳いでいた。

佐藤 克文『新しい国語 五』東京書籍

① このこととはどんなことですか。

(　　　　　　　　　　)

② マッコウクジラの研究者に協力してもらったのはどんなことですか。

(　　　　　　　　　　)

③ マッコウクジラはどれくらいの深さまでもぐっていたのですか。

(　　　　　　　　　　)

④ マッコウクジラの泳ぐ速さはどれぐらいですか。

(　　　　　　　　　　)

⑤ マッコウクジラがペンギンやアザラシよりももっと速く泳ぐと思っていたのはなぜですか。

(　　　　　　　　　　)

⑥ 正しい文に○をつけましょう。

(　) 体が大きい動物ほど速く泳ぐ。

(　) マッコウクジラは千メートル以上ももぐれない。

(　) マッコウクジラとペンギンやアザラシは同じような速さで泳ぐ。

説明文

動物たちが教えてくれる海の中のくらし③

名前

月　日

次の文章を読んで後の問いに答えましょう。

クジラの中でも最大となる体重九十トンのシロナガスクジラから、体重五百グラムのウトウという海鳥まで、いろいろな動物の泳ぐ速さをくらべてみた。すると、これだけ体の大きさがことなるのに、泳ぐ速さは時速四・〇から八・〇キロメートルのせまい範囲《はんい》におさまっていることが分かった。これはいったいなぜなのか。

　この結果から考えられるのは、次のようなことである。動物たちは毎日えさをとるために潜水《せんすい》をくり返している。かれらにとって大切なことは、できるだけ速く泳ぐことではなく、できるだけ楽に移動《いどう》することだ。もしも全速力で泳いでしまうと、わたしたちが走った後に息切れするのと同じように、せっかくえさ場にたどり着いたのにすぐに水面に引き返さなければならない。□ゆっくり泳ぐと、えさ場までたどり着くのに時間がかかりすぎるので、帰りに要する時間を考えると、えさのいる深さに長時間とどまることができなくなる。泳ぐことによるエネルギーの消費《しょうひ》を最小限《さいしょうげん》におさえるためには、速からずおそからず、いちばんよい速度があるはずだ。それが時速四・〇から八・〇キロメートルだったのだ。

佐藤 克文『新しい国語 五』東京書籍

① いろいろな動物の泳ぐ速さはどれくらいの範囲におさまっていますか。

（　　　　）

② えさをとるために潜水をくり返している動物たちにとって大切なことは何ですか。

（　　　　）

③ もしも全速力で泳いでしまうと、どうしなければなりませんか。

（　　　　）

④ ゆっくり泳ぐと、何ができなくなりますか。

（　　　　）

⑤ □に入る言葉を選んで〇をつけましょう。

（　）さらに
（　）逆《ぎゃく》に
（　）だから

⑥ 動物が速からずおそからず、いちばんよい速度で泳ぐのは何をおさえるためですか。

（　　　　）

説明文

東京スカイツリーのひみつ①

名前

月　日

次の文章を読んで後の問いに答えましょう。

東京スカイツリーは、テレビ放送などの電波を関東一円に飛ばす電波とうで、高さが六三四メートルもあります。ワイヤーなどで横からひっぱられず、とう自体で地上から立ち上がっている「自立式電波とう」としては、世界一の高さをほこります。二〇一一年十一月には、世界一高いタワーとして『ギネス世界記録二〇一二』という本にものりました。

このような高い電波とうを建設《けんせつ》するにはわけがありました。

スカイツリー建設構想《こうそう》の始まりは、二〇〇三年にさかのぼります。それまで首都けんでは、東京タワーからテレビ放送の電波が飛ばされていました。しかし、高そうビルがたくさん建つようになり、電波がとどきにくい場所がふえてきました。そこで、電波を広い地《ち》域《いき》にとどけるために、東京タワーよりさらに高い六〇〇メートル以上の電波とうをつくる必要があったのです。

日本は地しんや台風の多い国です。このように高いタワーの建設にあたっては、巨大《きょだい》地しんや台風が起きても、タワーがくずれたりたおれたりしないことを目標にする必要がありました。しかし、この目標を達成し、東京スカイツリーを建設するには、いくつもの問題がありました。

瀧井 宏臣『みんなと学ぶ 小学校国語 五年上』学校図書

① 東京スカイツリーの高さは何メートルですか。

（　　　　）

② 自立式電波とうとはどんな電波とうなのですか。

（　　　　）

③ スカイツリーの前に電波を飛ばしていた電波とうは何ですか。

（　　　　）

④ 首都けんのけんと同じ使い方をしている言葉を選んで○をつけましょう。

（　）神奈川けん

（　）当選けん内

（　）入場けん

⑤ 電波がとどきにくい場所がふえたのはどうしてですか。

（　　　　）

⑥ 今までよりさらに高い電波とうを必要とするのはなぜですか。

（　　　　）

説明文

東京スカイツリーのひみつ ②

名前　　　　月　　日

● 次の文章を読んで後の問いに答えましょう。

　せの高いタワーがたおれず安定するためには、足もとの柱と柱とのきょりが長いほうが有利です。□、すもうをとるときには、両足を大きく開いてふんばり、たおされないようにして相手と組み合います。

　東京タワーの場合、足もとに四本の大きな柱があり、真上から見ると足もとが正方形になっています。柱と柱の間のきょりは、九五メートルもあり、高さ三三三メートルのタワーを四本の柱がしっかりとささえています。

　一方、東京スカイツリーは、東京タワーの二倍近くの高さがあるのですが、この細長い土地では、足もとの正方形の一辺の長さは約六〇メートルしか取れません。このきびしい条件《じょうけん》の中で、どうやって安全なタワーを建てられるのか、設計者《せっけいしゃ》たちはけんとうを重ねました。

　設計者たちが、いくつものもけいを作り、話し合いを重ねたところ、足もとを正三角形にすれば一辺の長さが約六八メートルと、四角形にするよりも一辺あたり八メートル長く取れることが分かりました。それで、このタワーの足もとは世界でもめずらしい正三角形になっているのです。

瀧井 宏臣『みんなと学ぶ 小学校国語 五年上』学校図書

① せの高いタワーが安定するためにはどんなことが有利ですか。

（　　　　　　　　　　）

② □に入る言葉を選んで○をつけましょう。

（　）なぜなら
（　）逆《ぎゃく》に
（　）例えば

③ タワーの安定を説明するために何の例をあげていますか。

（　　　　　　　　　　）

④ きびしい条件とは何ですか。正しい文を選んで○をつけましょう。

（　）建設《けんせつ》の費用《ひよう》がかかりすぎること。
（　）細長い土地で柱のきょりが十分にとれないこと。
（　）工事の期間があまりないこと。

⑤ 表の空いているところに、数字や言葉を入れましょう。

電波とう	高さ（m）	一辺の長さ（m）	足もとの形
東京タワー			
東京スカイツリー	六三四	約	

⑥ よく調べたり考えたりするという意味の言葉を文中からさがしましょう。

（　　　　　　　　　　）

説明文

東京スカイツリーのひみつ ③

名前

月　日

次の文章を読んで後の問いに答えましょう。

　東京スカイツリーの本体は、大きく分けると、外側の「とう体」、いちばん内側にある「心柱《しんばしら》」、とう体と心柱の間の鉄骨《てっこつ》づくりの「シャフト」の三つの部分から成り立っています。

　中心にある「心柱」は、鉄筋《てっきん》コンクリートでできた大きな柱のようなものですが、実は、この心柱はタワーの中でつるされていて、心柱ととう体はつながっていません。とう体の中にすきまをつくり、建物と心柱のおもりのゆれのタイミングをずらすことで、建物のゆれを小さくすることができるようにしているのです。

　ところで、古い昔に建てられた、奈良《なら》の法《ほう》隆《りゅう》寺《じ》や日光東照宮《にっこうとうしょうぐう》などの五重のとうにも「心柱」がありますが、おどろいたことに、現在《げんざい》まで地しんでたおれた記録がありません。東京スカイツリーの心柱は、昔の建て方をヒントに、新しい技術《ぎじゅつ》でつくられているのです。

　また、高いタワーを安定して建てるには、建物自体を軽くすることも重要です。いちばん外側にある「とう体」は、鉄柱をあみの目のようにふくざつに組み合わせたように見えますが、これらの一つ一つは、鉄柱ではなく中が空洞《くうどう》の鋼管《こうかん》でできています。

瀧井 宏臣『みんなと学ぶ 小学校国語 五年上』学校図書

① 東京スカイツリーの本体は何から成り立っていますか。

（　　　　）（　　　　）（　　　　）

② 心柱は何でできていますか。

（　　　　）

③ 建物と心柱のおもりのゆれのタイミングをずらすとどうすることができますか。

（　　　　）

④ 心柱がある、古い昔に建てられたものにはどんなものがありますか。

（　　　　）や（　　　　）。

⑤ 問題を解《と》く手がかりという意味の言葉を文中からさがして書きましょう。

（　　　　）

⑥ 心柱とともに、高いタワーを安定して建てるのに重要なことは何ですか。

（　　　　）

古典 枕草子／清少納言 ①

名前

月　日

1 もとの文章と、現代《げんだい》の書き方に直した文章を読んで答えましょう。

> 春はあけぼの。
> やう《よ》やう《よ》白くなりゆく山ぎは《わ》、
> すこし明《あ》かりて、紫《むらさき》だちたる
> 雲の細くたなびきたる。
>
> 春は、夜明け。
> だんだん白くなっていく山際《やまぎわ》の空が、
> ほのかに明るくなって、紫がかった雲が
> 細くたなびいている。

① 季節は、いつですか。

（　　　　）

② 次の言葉は、現代ではどういう意味になるでしょう。

あけぼの（　　　　）

やうやう（　　　　）

明かりて（　　　　）

③ 春は、いつがいいといっていますか。次の中から選んで○をつけましょう。

夜明け（　）　夕ぐれ（　）

現代の書き方とよく見比《みくら》べよう

2 上の文章の続きです。読んで答えましょう。

> 夏は夜。
> 月のころはさらなり、
> 闇《やみ》もなほ《お》、
> 蛍《ほたる》の多く飛びちがひ《い》たる。
> また、ただ一つ二つなど、
> ほのかに、うち光り行《ゆ》くもをか《お》し。
> 雨など降《ふ》る夜もをか《お》し。
>
> 夏は夜。
> 月の出ているころは言うまでもない。
> やみの夜もやはり、
> ほたるがたくさん飛びかっているのも、
> また、ほんの一つ二つとかすかに光って
> 動いていくのもあじわいがある。
> 雨が降る夜も、あじわいがある。

① 季節は、いつですか。

（　　　　）

② 次の言葉は、現代ではどういう意味になるでしょう。

さらなり（　　　　）

ほのかに（　　　　）

をかし（　　　　）

③ 夏は、いつがいいといっていますか。次の中から選んで○をつけましょう。

昼（　）　夜（　）

古典　枕草子／清少納言　②

名前

月　日

1 もとの文章と、現代《げんだい》の書き方に直した文章を読んで答えましょう。

秋は夕暮《ゆふぐ》れ。

夕日のさして、山の端《は》いと近《ちか》うなりたるに、烏《からす》の寝《ね》どころへ行《ゆ》くとて、三《み》つ四《よ》つ、二つ三つなど、飛びいそぐさへ《え》あは《わ》れなり。まいて、雁《かり》などの列《つら》ねたるが、いと小さく見ゆるは、いとを《お》かし。

日入りはてて、風の音、虫の音《ね》など、はた言ふ《う》べきにあらず。


秋は夕暮れ。

夕日が照って、山のはしにたいそう近くなったころに、からすがねぐらへ帰ろうとして、三つ四つ、二つ三つ群れて飛びいそぐすがたまでがしみじみとしたおもむきを感じさせる。

まして、かりが連なっているのが、たいそう小さく見えるのは、ほんとうに風情《ふぜい》がある。

日がすっかりしずんでしまって、聞こえる風の音や虫の声は、これもまたなんとも言いようがない。

① 季節は、いつですか。（　　　）

② 秋は、いつがいいといっていますか。次の中から選んで○をつけましょう。

早朝（　）　夕ぐれ（　）

2 上の文章の続きです。読んで答えましょう。

冬はつとめて。

雪の降《ふ》りたるは言ふ《う》べきにもあらず、霜《しも》のいと白きも、またさらでもいと寒きに、火など急ぎおこして、炭もて渡《わた》るもいとつきづきし。

昼になりて、ぬるくゆるびもていけば、火桶《ひおけ》の火も白き灰《はい》がちになりてわろし。


冬は早朝。

雪が降っている朝は言うまでもなく、霜がたいそう白い朝も、またそうでなくてもたいそう寒い朝に、火などを急いでおこして炭を持って運ぶのもたいそうにつかわしい。

昼になって、寒さがだんだんゆるんでいくと、火ばちの火も白い灰ばかりになってよくない。

① 季節は、いつですか。（　　　）

② 冬は、いつがいいといっていますか。次の中から選んで○をつけましょう。

早朝（　）　夕ぐれ（　）

古典 徒然草／兼好法師

名前

月　日

もとの文章と、現代《げんだい》の書き方に直した文章を読んで答えましょう。

つれづれなるままに、
日暮《ひぐ》らし、すずりに向かひ①（　）て、
心にうつりゆく
よしなしごとを、
そこはかとなく書きつくれば、
あやしう《しゅう》こそ
ものぐる②（　）ほしけれ。

何もすることがないまま、
一日中、すずりに向かって、
心に次々にうかんでくる
とりとめもないことを、
気ままに書いていくと
異常《いじょう》なほど
気が変になってくる。

(1) 文中の①を現代かなづかいに直します。［　］から選んで（　）に書きましょう。

［お　い］

(2) 文中の②を現代かなづかいに直します。［　］から選んで（　）に書きましょう。

［お　う］

(3) 次の部分は、現代ではどういう意味になるでしょう。

つれづれなるままに（　　　　）

心にうつりゆく（　　　　）

そこはかとなく（　　　　）

(4) 次のような現代の言葉を、もとの文章ではどのように書いているでしょう。

一日中（　　　　）

とりとめもないこと（　　　　）

異常なほど（　　　　）

(5) 古典の作品とその作者を線で結びましょう。

枕草子《まくらのそうし》　・　　・　清少納言《せいしょうなごん》

方丈記《ほうじょうき》　・　　・　兼好法師《けんこうほうし》

徒然草《つれづれぐさ》　・　　・　鴨長明《かものちょうめい》

おつかれさま！
よくがんばったね

国語5年生 習熟プリント

答え

答え方のワンポイントアドバイスつき！

送りがな ①

● 次の漢字の送りがなを（　）に書きましょう。

① 任《まかせる》（せる）
② 慣《なれる》（れる）
③ 絶《たえる》（える）
④ 寄《よせる》（せる）
⑤ 破《やぶる》（る）
⑥ 示《しめす》（す）
⑦ 述《のべる》（べる）
⑧ 確《たしかめる》（かめる）
⑨ 現《あらわれる》（れる）
⑩ 留《とめる》（める）
⑪ 許《ゆるす》（す）
⑫ 保《たもつ》（つ）
⑬ 支《ささえる》（える）
⑭ 快《こころよい》（い）
⑮ 燃《もえる》（える）
⑯ 再《ふたたび》（び）
⑰ 増《ふえる》（える）
⑱ 混《まぜる》（ぜる）
⑲ 勢《いきおい》（い）
⑳ 厚《あつい》（い）
㉑ 独《ひとり》（り）
㉒ 率《ひきいる》（いる）
㉓ 導《みちびく》（く）
㉔ 比《くらべる》（べる）
㉕ 測《はかる》（る）
㉖ 務《つとめる》（める）
㉗ 備《そなえる》（える）
㉘ 久《ひさしい》（しい）

⑧⑨⑭㉓は特にまちがえやすいよ。できたらすごい！

名前　月　日

送りがな ②

❶ 次の言葉で、送りがなの正しい方に○をつけましょう。

① （○）飲み水　（　）飲水
② （○）種明かし　（　）種明し
③ （○）間近　（　）間近か
④ （○）氷水　（　）氷り水
⑤ （○）切り口　（　）切口
⑥ （　）話合い　（○）話し合い
⑦ （　）落し物　（○）落とし物
⑧ （　）行き上り　（○）行き止まり
⑨ （○）短い文　（　）短かい文

❷ 次の漢字の送りがなを（　）に書きましょう。

① 志《こころざす》（す）
② 易《やさしい》（しい）
③ 責《せめる》（める）
④ 逆《さからう》（らう）
⑤ 険《けわしい》（しい）
⑥ 築《きずく》（く）
⑦ 構《かまえる》（える）
⑧ 設《もうける》（ける）
⑨ 迷《まよう》（う）
⑩ 営《いとなむ》（む）
⑪ 耕《たがやす》（す）
⑫ 暴《あばれる》（れる）

名前　月　日

かなづかい ①

❶ 次の漢字の読みがなを書きましょう。

① 地上（ちじょう）
② 地面（じめん）
③ 知事（ちじ）
④ 鼻血（はなぢ）
⑤ 血豆（ちまめ）
⑥ 政治（せいじ）
⑦ 治水（ちすい）
⑧ 人質（ひとじち）
⑨ 軽重（けいちょう）（けいじゅう）
⑩ 布地（ぬのじ）
⑪ 中心（ちゅうしん）
⑫ 顔中（かおじゅう）
⑬ 底力（そこぢから）
⑭ 重力（じゅうりょく）
⑮ 近々（ちかぢか）

❷ 次の漢字の読みがなで、正しい方に○をつけましょう。

① 図表　（　）づひょう　（○）ずひょう
② 地図　（○）ちず　（　）ちづ
③ 気付く　（○）きづく　（　）きずく
④ 続く　（　）つずく　（○）つづく
⑤ 常々　（　）つねずね　（○）つねづね
⑥ 頭上　（○）ずじょう　（　）づじょう
⑦ 世界中　（○）せかいじゅう　（　）せかいぢゅう
⑧ 三日月　（　）みかずき　（○）みかづき
⑨ 手作り　（○）てづくり　（　）てずくり
⑩ 小包み　（○）こづつみ　（　）こずつみ

名前　月　日

かなづかい ②

● 次の文で、かなづかいがまちがっている文字の右側に線を引き、書き直しましょう。

① おとお《う》わ《は》、いもお《う》とと　せえ《い》くらべを　した。
② きょう、ぼくは、とう《お》くの　まちえ《へ》　行った。
③ おう《お》きい　こう《お》りお《を》　ちいさく　わろお《う》。
④ おとお《う》さんは、こお《う》じょうえ《へ》　はたらきに　いつ《っ》て　いる。
⑤ おぢ《じ》さんわ《は》、とても　まづ《ず》しい　くらしお《を》　して　いました。
⑥ づ《ず》こうの　ぢ《じ》かんに　おお《う》ぎの　えお《を》　かいた。
⑦ おねい《え》さんは、ええ《い》ごを　ならって　います。
⑧ わたしの　ゆう《い》とう《お》りに　すると　まちがいわ《は》　ない。
⑨ 「こんにちわ《は》、よお《う》こそ　おこし　くださいました。」
⑩ きのお《う》、うんどうかいで　つまづ《ず》いて　しまった。

名前　月　日

敬語 ①

名前　月　日

❶ 敬語《けいご》には、三種類の言い方があります。次の①～③の言い方は何ですか。□から選んで記号を書きましょう。

① 相手や会話の中の人をうやまい、高める気持ちを表す言い方。
〈例〉来られる、お読みになる、ご出発になる、いらっしゃる、なさる　［ア］

② 自分がへりくだることで、相手をうやまう気持ちを表す言い方。
〈例〉お聞きいたします、お伝え申し上げる、さしあげる、いただく、うかがう、お目にかかる　［ウ］

③ 会話のときなど、話し手がていねいな気持ちを表す言い方。
〈例〉～です、～ます、ございます、お米、ご本　［イ］

ア 尊敬語《そんけいご》　イ ていねい語　ウ けんじょう語

❷ ①～⑥の文で、——の言葉は、❶のア・イ・ウのどれにあたりますか。記号を書きましょう。

① 父の友人が、今日いらっしゃるそうです。　［ア］
② ぼくは、昨日えい画《が》を見に行きました。　［イ］
③ 先生から年賀状《ねんがじょう》をいただきました。　［ウ］
④ 外国の首相が日本の絵をごらんになった。　［ア］
⑤ 校長先生の荷物をお持ちしました。　［ウ］
⑥ お客様がお帰りになった。　［ア］

目上の人の行動が敬語になるのが尊敬語で、
目上の人に対する自分の行動が敬語になるのがけんじょう語だよ

敬語 ②

名前　月　日

❶ 次の文の敬語《けいご》の意味で、正しいものに○をつけましょう。

① 先生が仕事をなさった。　（　）やめた。　（　）なくした。　（○）した。
② 王様が静かにおっしゃった。　（　）おりた。　（○）言った。　（　）おがんだ。
③ わたしがすぐにまいります。　（○）行きます。　（　）まいってしまいます。　（　）まっています。

❷ 次の文に合うように、——の言葉を尊敬語《そんけいご》かけんじょう語に書き直しましょう。

① 先生が、ぼくの作品を見た。　［ごらんになった（見られた）］
② 校長先生に、自分の考えを言った。　［申し上げた］
③ おぼうさんが、お寺に帰ってきた。　［お帰りになった（帰られた）］
④ 友人の母親からケーキをもらった。　［いただいた］
⑤ 先生が、勉強の仕方を教えてくれた。　［くださった］
⑥ お医者さんにご都合をたずねた。　［うかがった（お聞きした）］
⑦ 校長先生が、ご自分の考えを言った。　［おっしゃった（言われた）］
⑧ お客様にお茶を出した。　［お出しした］

れる・られるには尊敬の意味もあるよ

慣用句 ①

名前　月　日

❶ ①～④の意味になる慣用句《かんようく》を、□から選んで（　）に記号を書きましょう。

① おしゃべりで時間を使う　（イ）
② きびしく責《せ》める　（エ）
③ 仕事に調子が出る　（ア）
④ 他人の感情《かんじょう》などに働きかけて、いっそうさかんにする　（ウ）

ア あぶらがのる
イ あぶらを売る
ウ あぶらをそそぐ
エ あぶらをしぼる

❷ ①～⑧の意味になる慣用句を、□から選んで（　）に記号を書きましょう。

① 頭が上がらない　（イ）
② 頭が下がる　（ウ）
③ 頭が低い　（ク）
④ 頭をかかえる　（ア）
⑤ 頭をかく　（カ）
⑥ 頭をもたげる　（キ）
⑦ 頭が切れる　（オ）
⑧ 頭をひねる　（エ）

ア よい考えがうかばずに、考えこむ
イ 相手のほうが力が上で、いばれない
ウ 感心させられる
エ あれこれ工夫しながら考える
オ 頭の回転が速い
カ 失敗して、てれたりはずかしがる様子
キ かくれていた物事や考えなどが表面に出てくる
ク 他人に対してていねいである

慣用句 ②

名前　月　日

● 次の①～⑱は、体の部分を使った慣用句《かんようく》です。（　）にあてはまる言葉を□から選んで書きましょう。

① （のど）から手が出るほどほしい。
② 失敗して（かた）を落とす。
③ （足）がぼうになるほどつかれた。
④ 仕事に（手）を貸《か》してあげる。
⑤ あまりの大金に（目）がくらんだ。
⑥ 成績《せいせき》が良いので（鼻）が高い。
⑦ おしゃべりで（口）の軽い人だ。
⑧ おばけを見て（こし）がぬけた。
⑨ 感心して（ひざ）を打つ。
⑩ あまりのすごさに（した）をまく。
⑪ （耳）にたこができるほど聞いた。
⑫ おれの（顔）をつぶす気か！
⑬ はてな、と（首）をかしげる。
⑭ 最近、料理の（うで）をあげた。
⑮ 希望に（むね）をふくらませる。
⑯ むずかしすぎて（歯）が立たない。
⑰ どなられて（きも）を冷やした。
⑱ 少しの練習だけで（あご）を出した。

顔　目　耳　鼻　口　した　あご　のど　うで　首
むね　歯　きも　足　手　ひざ　こし　かた

へとへとになると、前かがみのしせいになるね

熟語①

名前　月　日

二字熟語《じゅくご》は、組み立て方により次のように分けられます。

ア　上の漢字が下の漢字の表す意味をくわしくしている。○→△
〈例〉大木（大きな木）、新年（新しい年）

イ　下の漢字の意味が上の漢字の意味にかかっている。○←△
〈例〉消火（火を消す）、読書（書を読む）

ウ　対になる漢字を組み合わせている。○↔△
〈例〉高低、左右、天地

エ　似《に》た意味を表す漢字を組み合わせている。○＝△
〈例〉岩石、道路、暗黒

オ　上の漢字が下の漢字を打ち消すようにできている。×←○
〈例〉未定、不幸、非行《ひこう》

● 次の二字熟語の読みがなを（　）に書き、右から合う記号を選んで□に書きましょう。

① 衣服（いふく）　エ
② 終始（しゅうし）　ウ
③ 円形（えんけい）　ア
④ 開花（かいか）　イ
⑤ 不便（ふべん）　オ
⑥ 提案（ていあん）　イ
⑦ 湖水（こすい）　ア
⑧ 苦楽（くらく）　ウ
⑨ 永久（えいきゅう）　エ
⑩ 研究（けんきゅう）　エ
⑪ 往復（おうふく）　ウ
⑫ 無事（ぶじ）　オ

小学校で習う打ち消しの漢字には「未、不、非、無、否（6年）」があるよ

熟語②

名前　月　日

❶ 次の言葉の反対の意味の熟語《じゅくご》を書きましょう。

① 生産 ―（消費）
② 反対 ―（賛成）
③ 安心 ―（心配）
④ 苦手 ―（得意）
⑤ 結果 ―（原因）
⑥ 成功 ―（失敗）
⑦ 過去《かこ》 ―（未来）
⑧ 解散《かいさん》 ―（結成、集合、設立、招集）
⑨ 人工 ―（天然（自然））
⑩ 増加《ぞうか》 ―（減少）

❷ □の中から、反対の意味を持つ漢字を二字組み合わせて、熟語をつくりましょう。

負　弱　暗　楽
売　明　強　苦
買　無　勝　有
来　害　加　自
他　往　利　減

（勝負）（強弱）
（明暗）（苦楽）
（売買）（有無）
（往来）（自他）
（利害）（加減）
※順不同

熟語③

名前　月　日

❶ 次の漢字と意味の似《に》た漢字を□から選んで、熟語《じゅくご》を作りましょう。

① 岩 ― 石
② 希 ― 望
③ 生 ― 産
④ 起 ― 立
⑤ 建 ― 築
⑥ 森 ― 林
⑦ 品 ― 物
⑧ 容《よう》 ― 易
⑨ 豊《ほう》 ― 富

易《い》　望　林　富　立　築《ちく》　産　石　物

❷ □の中の漢字から、意味の似た二字を選んで熟語を作りましょう。

学習　身体
救助　連続
守護　児童
知識　順序
消失
※順不同

学　身　救《きゅう》
失　助　童
連　護《ご》　児
識《しき》　序《じょ》　消
体　統　知
習　守　順

対義語

名前　月　日

❶ 次の言葉の対義語《たいぎご》を書きましょう。

① 始まる ― 終わる
② 深い ― 浅い
③ 遠い ― 近い
④ 借りる ― 貸す
⑤ 勝つ ― 負ける
⑥ 熱い ― 冷たい
⑦ からい ― あまい
⑧ 有る ― 無い
⑨ 進む ― 退く
⑩ 増《ふ》える ― 減る

❷ 次の□の中に対義語になるよう、□の中から一字選んで書きましょう。

① 良質《しつ》 ― 悪質
② 長所 ― 短所
③ 朝日 ― 夕日
④ 暗算 ― 筆算
⑤ 上手 ― 下手
⑥ 一部 ― 全部
⑦ 有利 ― 不利
⑧ 音読み ― 訓読み
⑨ 直接《せつ》 ― 間接
⑩ 晴天 ― 雨天
※順不同

長　朝　悪　上　有　直　暗　晴　短　良
不　間　筆　一　音　夕　下　全　訓　雨

〔P.16〕

類義語

名前　　月　　日

① 次の熟語《じゅくご》の類義語《るいぎご》を□から選んで□に書きましょう。

① 用心　注意
② 静養　安静
③ 賛成《さんせい》　同意
④ 自然　天然
⑤ 短所　欠点
⑥ 返事　返答
⑦ 案外　意外
⑧ 結果　結末
⑨ 首府　首都
⑩ 光景　風景

注意　首都　風景　意外　同意
結末　天然　返答　安静　欠点

② 次次の熟語の類義語に○をつけましょう。

① 永久《えいきゅう》　（　）永年　（○）永遠
② 成長　（○）発育　（　）成功
③ 発達　（○）進歩　（　）達成
④ 勝負　（　）勝利　（○）勝敗
⑤ 性質《せいしつ》　（　）特性　（○）性格《せいかく》
⑥ 代金　（○）料金　（　）貯金《ちょきん》
⑦ 基《き》本《ほん》　（　）本来　（○）根本
⑧ 名人　（　）有名　（○）名手

〔P.17〕

同音異義語 ①

名前　　月　　日

次の文に合う熟語《じゅくご》を□に書きましょう。

① 意志《いし》の強い人。／医師《いし》に薬をもらった。
② 園芸《えんげい》植物／演芸《えんげい》大会
③ 天気は快晴《かいせい》だ。／規則《きそく》を改正《かいせい》する。
④ 試合を再開《さいかい》する。／久《ひさ》しぶりに再会《さいかい》した。
⑤ 問題の解答《かいとう》を教える。／質問《しつもん》に回答《かいとう》する。
⑥ 部下に指示《しじ》する。／とう芸家《げいか》に師事《しじ》する。
⑦ 工作が完成《かんせい》する。／感性《かんせい》が豊《ゆた》かだ。
⑧ サンマの大漁《たいりょう》だ。／大量《たいりょう》の水を運ぶ。
⑨ 正しいことを証明《しょうめい》する。／照明《しょうめい》を明るくする。
⑩ 衛星《えいせい》放送／衛生《えいせい》検査《けんさ》

〔P.18〕

同音異義語 ②

名前　　月　　日

次の熟語《じゅくご》や文に合う漢字を□に書きましょう。

① 校庭を開放《かいほう》する。／病状《びょうじょう》が快方《かいほう》に向かう。
② 親友と絶交《ぜっこう》する。／絶好《ぜっこう》の機会だ。
③ 植物採集《さいしゅう》／連休の最終《さいしゅう》日
④ 賛成《さんせい》意見／酸性《さんせい》雨《う》
⑤ 要領《ようりょう》を得《え》ない。／容量《ようりょう》の大きいコップ
⑥ 生命保険《ほけん》／保健《ほけん》室
⑦ 暑《あつ》い夏／熱《あつ》い湯／厚《あつ》い紙
⑧ 重さを量《はか》る。／深さを測《はか》る。
⑨ 紙が破《やぶ》れる。／試合に敗《やぶ》れる。
⑩ 対照《たいしょう》的な意見／子どもを対象《たいしょう》にする。

〔P.19〕

熟字訓

名前　　月　　日

① 熟語《じゅくご》（熟字）の特別な読み方のことを熟字訓《じゅくじくん》と言います。次の読み方をする熟語を書きましょう。

① 二人《ふたり》
② 下手《へた》
③ 景色《けしき》
④ 二日《ふつか》
⑤ 迷子《まいご》
⑥ 八百屋《やおや》
⑦ 博士《はかせ》
⑧ 一日《ついたち》
⑨ 清水《しみず》
⑩ 今年《ことし》
⑪ 明日《あす》
⑫ 今日《きょう》

② 次の言葉の熟字訓を書きましょう。

① 昨日（きのう）
② 今朝（けさ）
③ 二十日（はつか）
④ 河原（かわら）
⑤ 果物（くだもの）
⑥ 上手（じょうず）
⑦ 眼鏡（めがね）
⑧ 真っ青（ま）（さお）
⑨ 一人（ひとり）
⑩ 手伝う（てつだ）
⑪ 友達（ともだち）
⑫ 真っ赤（ま）（か）
⑬ お父さん（とう）
⑭ お母さん（かあ）
⑮ お兄さん（にい）
⑯ お姉さん（ねえ）

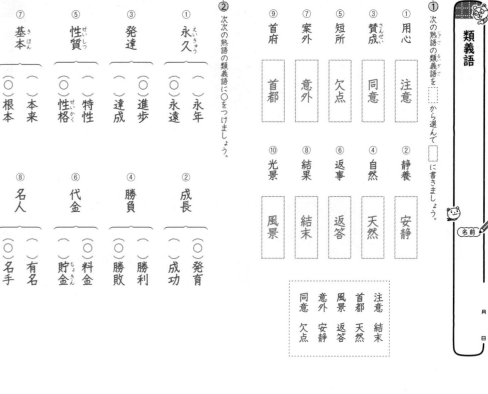

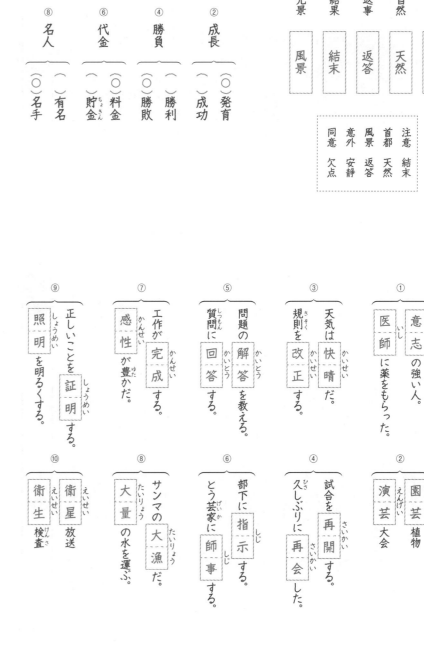

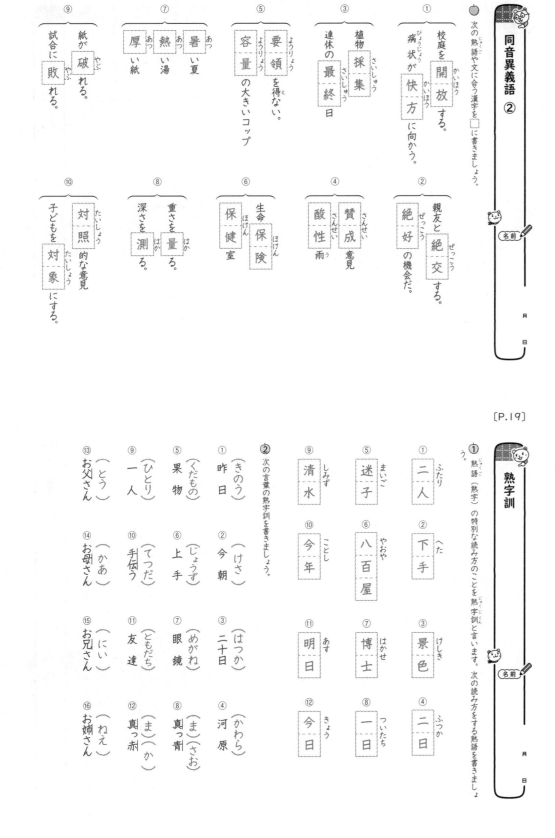

ことわざ

❶ 次のことわざには、動物の名前が入ります。下から選んで□に記号で書きましょう。

① とらぬ オ の皮算用《かわざんよう》
② カ も木から落ちる
③ 立つ エ あとをにごさず
④ 能《のう》ある イ はつめをかくす
⑤ ウ の耳に念仏《ねんぶつ》
⑥ やぶをつついて ア を出す

ア へび　イ たか　ウ 馬　エ 鳥　オ たぬき　カ さる

❷ ①〜⑧のことわざと、下の意味が合うように、線で結びましょう。

しゅ（朱）は赤色のことだよ

① 情《なさ》けは人のためならず
② えんの下の力もち
③ しゅに交われば赤くなる
④ 七転び八起き
⑤ 急《せ》いては事《こと》をし損《そん》ずる
⑥ 三人寄《よ》れば文《もん》じゅの知《ち》え
⑦ 石の上にも三年
⑧ 失敗は成功のもと

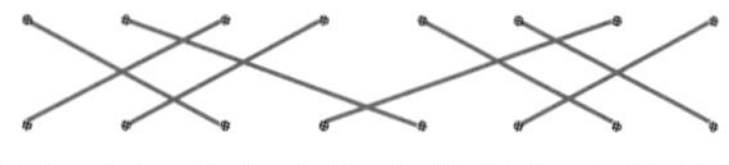

人はそのかん境《きょう》によって、良くも悪くもなるということ。
何度失敗してもあきらめず、最後までやりとおすこと。
他人に親切にしていると、めぐりめぐって自分に返ってくること。
苦しいことでもがまん強く努力すれば、いいことがあるということ。
他人には目立たないところで、人のために働くこと。
失敗することは、次に成功するために、むだにはならないということ。
あまり急いであわててやると失敗するということ。
みんなでよく考えると、いい考えが生まれるということ。

漢字の成り立ち

❶ 漢字は中国から伝わったものですが、国字《こくじ》（和字《わじ》）といって、伝えられた後に日本で意味を合わせて作られた漢字もあります。次の国字の意味を考えて、合う読みを選んで書きましょう。

① 峠（とうげ）
② 凩（こがらし）
③ 躾（しつけ）
④ 雫（しずく）
⑤ 畑（はたけ）
⑥ 颪（おろし）
⑦ 凪（なぎ）
⑧ 鰯（いわし）

山からふきおろす風のことだよ

こがらし　なぎ　おろし　はたけ
いわし　しつけ　しずく　とうげ

へんや部首に注目すると見えてくるよ

❷ 漢字の成り立ちには次の四つがあります。上と下を線で結び、それに合う漢字を□から二つずつ選んで書きましょう。

① 形声《けいせい》
② 象形《しょうけい》
③ 指事《しじ》
④ 会意《かいい》

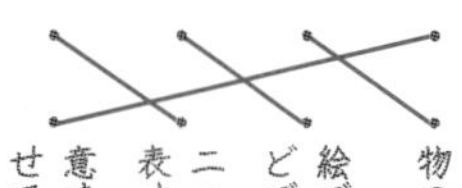

物の形をそのままかたどった文字。　鳥　火
絵で表すことのできないことがらを、点や線などで表した文字。　本　下
二つ以上の漢字を組み合わせて、新しい意味を表すようにした文字。　男　岩
意味を表す部分と、音を表す部分とを組み合わせて作った文字。　校　花

鳥　本　男　校　火　下　岩　花

国語辞典

❶ 小学生用国語辞典を引くとき、次の二つの言葉のうち、先に出てくる方に○をつけましょう。

① （　）あぶら　（○）あひる
② （　）じゅう　（○）じゆう
③ （○）ボール　（　）ポール
④ （○）でんとう　（　）てんとうむし
⑤ （　）セー（え）ター　（○）せいねん
⑥ （○）コー（お）ヒー　（　）こおり

❷ 次の文に最も適切《てきせつ》な意味を選んで、その番号を書きましょう。

(1)
あかるい【明るい】① 光りがさして物がよく見える。② 色があざやか。③ はればれとしている。④ そのことにくわしい。⑤ 性格《せいかく》などにうら表がない。

父は、アメリカの地理にとても明るい。　④
かれは、明るい顔で友達と話をしていた。　③

(2)
とおる【通る】① はしからはしまでとどく。② つらぬいて向こうに行く。③ 通行する。④ みとめられる。⑤ 知れわたる。⑥ 室内に入る。⑦ わかる。⑧ 議案が可決《かけつ》される。⑨ 合格する。

話し合いで、わたしたちの要求が通った。　④
わたしは、はりに糸を通すのが上手です。　②
ぼくの家の前の道は、よく大きな車が通る。　③
あの少年は芸能界《げいのうかい》では、名の通った子どもだ。　⑤
あの人は、よく意味の通った文章を書く。　⑦

漢字辞典

❶ 漢字辞典には、三種類の引き方があります。次の場合に合う引き方を選んで記号を書きましょう。

① 漢字の読み方がわかっているとき　（イ）
② 漢字の部首がわかっているとき　（ア）
③ 「経」が「ケイ」という読み方をすることがわかっているとき　（イ）
④ 「経」の部首が、「いとへん」ということがわかっているとき　（ア）
⑤ 「経」の読み方も部首もわからないとき　（ウ）

ア 部首引き　イ 音訓引き　ウ 総画《そうかく》引き

❷ 次の漢字の部首を□に、部首名を（　）に書きましょう。

	部首	部首名
① 億	亻	（にんべん）
② 枝《えだ》	木	（きへん）
③ 副	刂	（りっとう）
④ 墓《はか》	土	（つち（つちへん））
⑤ 然	灬	（れんが（れっか））
⑥ 設《せつ》	言	（ごんべん）

❸ 次の漢字の音読みを片仮名《かたかな》で書き、総画数を漢数字で書きましょう。

	音読み	総画数
① 易	（イ）（エキ）※順不同	（八画）
② 弁	（ベン）	（五画）
③ 率	（リツ）	（十一画）
④ 興	（キョウ）（コウ）※順不同	（十六画）

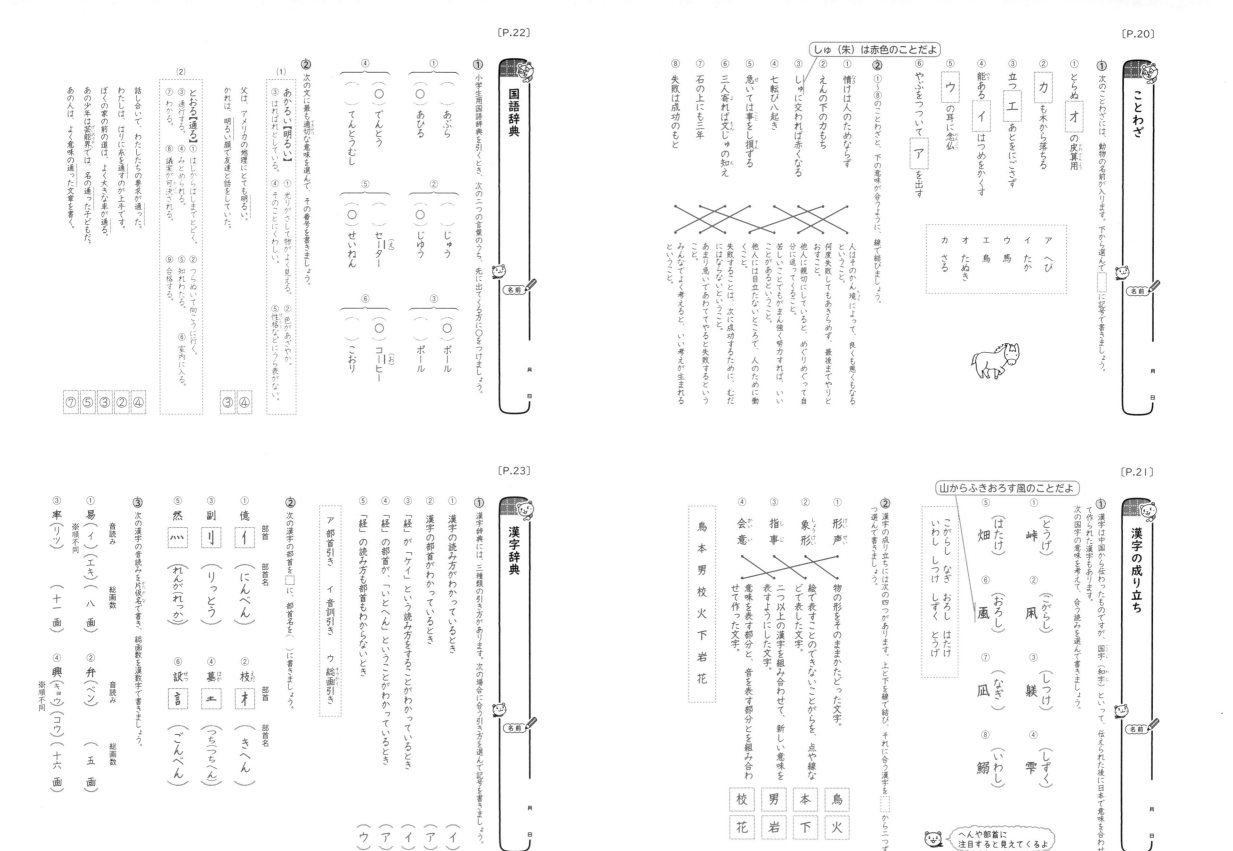

漢語と和語

名前　　月　　日

❶ 漢語と和語の意味を選んで記号で書きましょう。

① 漢語（イ・ウ）
② 和語（ア・エ）

ア　漢字で書いてあっても「訓」で読む言葉。
イ　漢字を「音」で読む言葉。
ウ　古くに中国から日本に入った言葉。
エ　もともと日本にあった言葉。

❷ ▭の言葉を漢語と和語に分け、記号で書きましょう。

① 漢語　イ　エ　カ　ク　コ　サ
※順不同
② 和語　ア　ウ　オ　キ　ケ　シ

ア 朝顔　イ 雨天　ウ 空耳　エ 約束
オ 夜中　カ 植物　キ 板前　ク 横転
ケ 北風　コ 屋上　サ 空気　シ 川岸

❸ 次の文の――の漢語を和語に言いかえ、平仮名《ひらがな》で書きましょう。

〈例〉旅行に出て、旅館で飲食した。
（たび）（やどや）（のんでたべた）

① 転居《てんきょ》した部屋を整理して、友達を招待《しょうたい》した。
（ひっこし）（かたづけて）（まねいた）

② あの道路を横断《おうだん》するときにはじゅうぶん注意しなさい。
（みち）（よこぎる）（きをつけ）

❹ 次の文の――の和語を漢語に言いかえ、漢字で書きましょう。

① 話し合いで決まったことを正しく知らせる。
（相談）(会議)（決定した）（正確に）（報告する）

② 荷物を定められた時間に配られることを望む人が増《ふ》えた。
（指定された）（配達される）（希望する）（増加した）

あとの文に続くように書こう

ローマ字 ①

名前　　月　　日

● 次の平仮名《ひらがな》を、訓令式《くんれいしき》のローマ字で書きましょう。

あ い う え お　a i u e o
か き く け こ　ka ki ku ke ko
さ し す せ そ　sa si su se so
た ち つ て と　ta ti tu te to
な に ぬ ね の　na ni nu ne no
は ひ ふ へ ほ　ha hi hu he ho
ま み む め も　ma mi mu me mo
や ゆ よ　ya yu yo
ら り る れ ろ　ra ri ru re ro
わ を ん　wa o n (wo)
が ぎ ぐ げ ご　ga gi gu ge go
ざ じ ず ぜ ぞ　za zi zu ze zo
だ ぢ づ で ど　da di du de do
ば び ぶ べ ぼ　ba bi bu be bo
ぱ ぴ ぷ ぺ ぽ　pa pi pu pe po
きゃ きゅ きょ　kya kyu kyo
しゃ しゅ しょ　sya syu syo
ちゃ ちゅ ちょ　tya tyu tyo
にゃ にゅ にょ　nya nyu nyo
ひゃ ひゅ ひょ　hya hyu hyo
みゃ みゅ みょ　mya myu myo
りゃ りゅ りょ　rya ryu ryo
ぎゃ ぎゅ ぎょ　gya gyu gyo
じゃ じゅ じょ　zya zyu zyo
ぢゃ ぢゅ ぢょ　zya zyu zyo
びゃ びゅ びょ　bya byu byo
ぴゃ ぴゅ ぴょ　pya pyu pyo

その調子！

「じゃ じゅ じょ」と「ぢゃ ぢゅ ぢょ」は音がいっしょだから書き方もいっしょになるよ

ローマ字 ②

名前　　月　　日

❶ 次の平仮名《ひらがな》を、ヘボン式のローマ字で書きましょう。

し ち つ ふ　shi chi tsu fu
じ ぢ　ji ji
しゃ しゅ しょ　sha shu sho
ちゃ ちゅ ちょ　cha chu cho
じゃ じゅ じょ　ja ju jo

❷ 次の言葉をヘボン式のローマ字で書きましょう。

① 九州　kyûshû
② 新聞　shinbun
③ 羊　hitsuji
④ 時間　jikan

❸ 次のヘボン式のローマ字を読んで平仮名で書きましょう。

①（あお）ao
②（こい）koi
③（さかな）sakana
④（しゃしん）shashin
⑤（わし）washi
⑥（ちゃわん）chawan
⑦（つくえ）tsukue
⑧（やま）yama
⑨（ひゃく）hyaku
⑩（にゅういん）nyûin
⑪（ゆき）yuki

へ…のばす記号

ローマ字 ③

名前　　月　　日

❶ 次のローマ字を読んで平仮名《ひらがな》で書きましょう。

①（がっこう）gakkô
②（りょかん）ryokan
③（てつ）tetsu
④（ふね）fune
⑤（しゃしん）syashin
⑥（ちゅうしゃ）chûsha
⑦（じゃがいも）zyagaimo
⑧（こんにゃく）konnyaku
⑨（ちょきん）chokin
⑩（じゅうどう）jûdô
⑪（もちつきをした。）Mochitsuki o sita.

❷ 次の文をローマ字で書きましょう。訓令式《くんれいしき》・ヘボン式は問いません。また、文の最初の文字は大文字で書きましょう。

① 朝ごはん を 食べた。
Asagohan o tabeta.

② 公園 で 遊んだ。
Kôen de asonda.

③ お父さん と 駅 へ 行った。
Otôsan to eki e itta.

④ 赤い 花 が さいた。
Akai hana ga saita.

⑤ わたし は 元気 です。
Watasi wa genki desu.
(shi)

文をつなぐ「は」「を」「へ」は、音にならって「wa」「o」「e」と書きます。

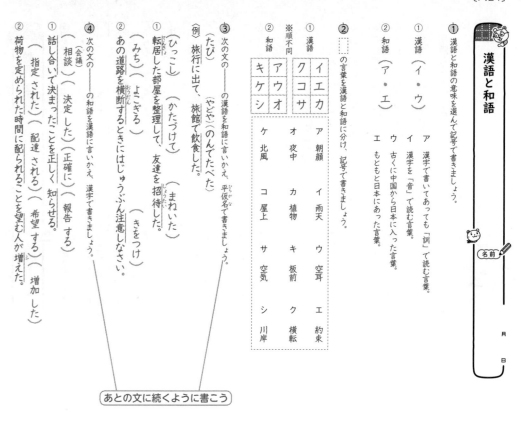

〔P.28〕

名詞

ものごとの名前を表す言葉を「名詞《めいし》」と言います。

〈例〉魚・希望・喜《よろこ》び・五ひき

名前　月　日

① 次の文の――のうち、名詞《めいし》にあたる言葉はどれですか。すべて記号で書きましょう。

① 夜に入り、雪がしんしんとふっています。（ア　イ）
② 人類は永遠《えいえん》に生きていけるのだろうか。（ア　イ）
③ 父はいつも願いをかなえてくれる。（ア　ウ）
④ この絵の美しさは、わたしにはわかりにくい。（イ　ウ）

② 次の文にある名詞を書きましょう。

① ゆるやかな坂道を急いで下りた。（坂道）
② 大きな公園に美しい花がさいた。（公園）（花）
③ 真《ま》っ赤《か》なりんごを一つだけ食べた。（りんご）（一つ）
④ 昨日《きのう》、とんでもない出来事が起こった。（昨日）（出来事）
⑤ むねをわくわくさせながら会場に入った。（むね）（会場）

③ 次の例のように、言葉の形を変えて名詞にしましょう。

〈例〉大きい → （大きさ）
① かざる → （かざり）
② 悲しい → （悲しさ（み））
③ 動く → （動き）
④ おおう → （おおい）
⑤ やさしい → （やさしさ）
⑥ 作る → （作り）

〔P.29〕

動詞 ①

ものごとの動作や作用、いる・あるを表す言葉を「動詞《どうし》」と言います。

〈例〉歩く・ふくらむ・ある

名前　月　日

① 次の文中の（　）に、「乗る」という動詞を文が続く形にして書きましょう。

① 知らない人の車には（乗　ら）ないようにしましょう。
② バスには順序《じゅんじょ》よく（乗　り）ましょう。
③ いつも同じ電車に（乗　る）ことにしている。
④ ちこくしないようにはやく（乗　れ）！
⑤ 待ち合わせて、同じ列車に（乗　ろ）う。

② 次の文にある動詞を書きましょう。

① 庭に赤い大きな花がたくさんさいた。（さいた）
② 美しい草原をすばやく走る馬。（走る）
③ 学校の屋上から海が見える。（見える）
④ 明日の算数の時間にテストがある。（ある）

③ 〈　〉の中の動詞を、文が続く形にして書きましょう。

① 〈行く〉早く学校に（行か）なければならない。
② 〈帰る〉雨がふってきたので、すぐに（帰ろ）うと思った。
③ 〈来る〉一番に（来れ）ば、きっといいことがあるだろう。
④ 〈読む〉本は明るいところで（読み）ましょう。

〔P.30〕

動詞 ②

名前　月　日

① 動詞《どうし》の形が変化することを活用といいます。活用表の（　）に平仮名《ひらがな》を書きましょう。

もとの形	「○○ない」に連なる	「○○ます」に連なる	言い切り	「○○とき」に連なる	「○○ば」に連なる	命令で言い切り
泳ぐ	泳（が）ない	泳（ぎ）ます	泳（ぐ）	泳（ぐ）とき	泳（げ）ば	泳（げ）
落ちる	落（ち）ない	落（ち）ます	落（ちる）	落（ちる）とき	落（ちれ）ば	落（ちろ）
出る	（で）ない	（で）ます	（でる）	（でる）とき	（でれ）ば	（でろ）（でよ）
来る	（こ）ない	（き）ます	（くる）	（くる）とき	（くれ）ば	（こい）
する	（し）ない	（し）ます	（する）	（する）とき	（すれ）ば	（しろ）

② 次の文の動詞を、右の活用表の「言い切り」の形に直しましょう。

① 体が大きくなって、去年の服が着られない。（着る）
② 友達には、ぼくが話しましょう。（話す）
③ このバスは、時《じ》こく表《ひょう》通りに着いたことがない。（着く）
④ のどがかわいていたので、お茶を飲んだ。（飲む）
⑤ もし明日《あす》晴れれば、キャンプに行く。（晴れる）
⑥ イチローの打った球は、とても速い。（打つ）
⑦ 「起きろ！」と毎朝起こされている。（起きる）
⑧ 宿題もせずに学校に来てしまった。（する）

君ならできる！

〔P.31〕

形容詞・形容動詞

ものごとの性質《せいしつ》や様子を表す言葉で、言い切りの形が「～い」で終わるものを、「形容詞《けいようし》」と言います。「～だ」で終わるものを「形容動詞《けいようどうし》」と言います。

〈例〉美しい・高い（形容詞）　静かだ・きれいだ（形容動詞）

名前　月　日

① 次の文にある形容詞・形容動詞を書きましょう。

① 白いかべの家が続く町はのどかだ。（白い）（のどかだ）
② 深い川の水は、とても冷たい。（深い）（冷たい）
③ 河原《かわら》には、丸い石や四角い石がある。（丸い）（四角い）
④ ぼくは魚が好きだが、弟はきらいだ。（好きだ）（きらいだ）

※順不同

② 次の文中の「赤い」という形容詞を、文に合う形にして書きましょう。

① 海で見た夕日は、とても（赤かっ）た。
② 妹の服は、思っていたほど（赤く）なかった。
③ この花は（赤けれ）ば赤いほど美しく見える。
④ 太陽を（赤く）ぬってしまう子どもが多い。
⑤ 秋には（赤い）実をたくさんつける木がある。

③ 次の文の形容詞・形容動詞を言い切りの形にして書きましょう。

① はげしかった雨も止んで、静かです。（はげしい）（静かだ）
② さわやかな朝の旅立ちは、うれしかった。（さわやかだ）（うれしい）
③ 青く晴れた空は、きれいだった。（青い）（きれいだ）

※順不同

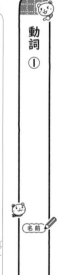

文の組み立て ①

名前　　月　　日

❶ 例のように、次の文の主語と述語《じゅつご》をそれぞれ書きましょう。

〈例〉 池の周りに桜《さくら》が美しくさいた。　主語（桜が）　述語（さいた）

① 真《ま》っ赤《か》な夕日が、水平線にしずんだ。　（夕日が）（しずんだ）

② 山の向こうの巣に、鳥たちは帰る。　（鳥たちは）（帰る）

③ 血管は、体の表面近くにもある。　（血管は）（ある）

④ シマウマの群れは、草原をゆっくりと横切る。　（群れは）（横切る）

⑤ 父は、ある日ぐう然《ぜん》、先生に会った。　（父は）（会った）

❷ 次の文の主語には――、述語には〰〰を引きましょう。

① 本屋のとなりには、とても大きな八百屋《やおや》がある。

② そのとき弟は、そんけいのまなざしで父を見た。

③ うれしそうな、得意《とくい》そうな顔をしているかれが、わたしをよんだ。

④ 畑で、大きなスイカが、思ったよりたくさんとれた。

❸ 次の文の主語と述語をさがして書きましょう。ただし、主語や述語をふくまない文もあります。無いときは×をつけましょう。

① ぼくは、口では表せない、この美しさを。　主語（ぼくは）　述語（表せない）

② もう、速く走ることは、できない。　（×）（できない）

③ とてもおいしいね、このラーメンは。　（ラーメンは）（おいしいね）

④ 先生は、今日はどちらへ行かれますか。　（先生は）（行かれますか）

だれ（何）が走れないのか、書いていないよ

文の組み立て ②

名前　　月　　日

文の組み立て方には、次のようなやり方があります。

ア 二つの文をならべて、一つの文にしたもの。

〈例〉 父は（主）新聞を読んでいて（述）、母は（主）テレビを見ている（述）。
雨が（主）ふり（述）、風が（主）ふく（述）。

イ 二つの文のうち、一方の文が他方の文をしたがえたもの。

〈例〉 わたしは、先生が話すのを（したがった文）聞いた。（主文）
山が燃《も》えたという（したがった文）うわさは、村中に広まった。（主文）

● 次の文は、右に示《しめ》したア・イのうちどちらですか。記号を書きましょう。

① お父さんが車の運転をして、ぼくは後ろの席に乗った。　（ア）

② くまは、旅人がたおれるのをじっと待った。　（イ）

③ 雨がふり、かみなりまで鳴り始めた。　（ア）

④ わたしがお母さん役で、あなたがお父さん役よ。　（ア）

⑤ ぼくが育てたハムスターは、クラスの人気ものになった。　（イ）

⑥ 母は、わたしが元気になってとても喜《よろこ》んだ。　（イ）

⑦ いつきさんは山へ行き、たつきさんは海へ行った。　（ア）

⑧ ぼくのあこがれていた選手が、大活《かつ》やくした。　（イ）

文の組み立て ③

名前　　月　　日

❶ 次の文中の述語《じゅつご》（〰〰）に対する主語を書きましょう。

① もう夏は過《す》ぎたのに、まだまだ暑さは変わらない。　（暑さは）

② 男達は勇んで山へ出かけたし、女達は畑の世話をするのだった。　（女達は）

③ 昨日《きのう》、児童会が開かれ、重要な決定がなされた。　（決定が）

④ りこさんは、妹が待っている公園へ出かけた。　（りこさんは）

❷ 次の文の組み立てを考え、□に言葉を書きましょう。

① アンは、川の水をくみに行った。

- どこの［川の］→ 何を［水を］→ 何しに［くみに］→ どうした（述語）［行った］
- だれは（主語）［アンは］→ どうした（述語）［行った］

② 大工の山田さんが、となりの空き地に大きな家を建てた。

- 何の［となりの］→ どこに［空き地に］→ どうした（述語）［建てた］
- 何の［大工の］→ だれが（主語）［山田さんが］→ どうした（述語）［建てた］
- どんな［大きな］→ 何を［家を］→ どうした（述語）［建てた］

わかるところからうめていこう

文の組み立て ④

名前　　月　　日

❶ 次の文の□で囲《かこ》んだ部分を修飾《しゅうしょく》している言葉を、例のように書きましょう。

〈例〉 わたしは、大きな声でもっと［歌いたい］。　（大きな声で）（もっと）

① 太陽が、赤く美しく［かがやく］。　（赤く）（美しく）

② 公園に大きな美しい［花が］さいている。　（大きな）（美しい）

③ 坂本さんは、つらそうな青い［顔を］している。　（つらそうな）（青い）

④ みんなは、いっせいに笑顔で［入ってきた］。　（いっせいに）（笑顔で）

⑤ ぼくは、長い間友達を［待った］。　（長い間）（友達を）

※順不同

❷ 同じ言葉でも、名詞《めいし》を修飾する場合と動詞《どうし》を修飾する場合で形が変わります。次の二つの文が同じ意味になるような言葉を書きましょう。

① あの先生は、いつも 落ち着いて 話す。
あの先生は、いつも（落ち着いた）話し方をする。

② この問題には きびしく 対応《たいおう》することが必要だ。
この問題には（きびしい）対応が必要だ。

③ まりさんは、（さわやかに）生きている。
まりさんは、さわやかな 生き方をしている。

④ この部屋は、とても（暑く）感じた。
この部屋は、とても 暑い 感じがした。

指示語

名前　　月　日

❶ 次の文の――の言葉を、□の指示語《しじご》から選んで書きかえましょう。

① 今日、漢字テストがある。ぼくは漢字テストがあることは聞いていなかった。（そんな）
② 今日も校庭で野球をしている。校庭はとても広くて安全だ。（ここ）
③ 遠くに松の木が見えるね。松の木まで競争だ。（あそこ）
④ 母にプレゼントをもらった。プレゼントはわたしのほしかったものだ。（これ）

ここ　そんな　これ　あそこ

❷ 次の文の――の指示語は、何を指していますか。その部分に～～を引きましょう。

① 友達のたん生会《じょうかい》で、小さなぬいぐるみをプレゼントしました。それは、わたしが一人で作ったものです。
② 公園のとなりにきれいな店があります。そこは、めずらしい文《ぶん》ぼう具《ぐ》を売っています。
③ 今日の算数のテストはむずかしかったが、その二番だけはよくわかった。
④ リレー大会で、転んで泣いてしまった。いつものことながら、そんな自分がいやになる。
⑤ 「食器を下げてよろしいですか。」「そうしてください。」

指示語はそれが指すところと入れかえることができます。

接続語

名前　　月　日

文と文をつなぐ言葉を「接続語《せつぞくご》」と言います。
〈例〉おなかがすいているのに、食べなかった。
魚、あるいは肉を買ってきてください。

❶ 次の文の（　）に合う言葉を□から選んで書きましょう。

① すごくがんばった（のに）、負けてしまった。
② 休日は本を読んだり、ゲームをし（たり）する。
③ 気持ちを集中すれ（ば）、十分に勝てる。
④ テレビを見（ながら）、宿題をした。
⑤ いくら待ったとし（ても）、あの人は来ないだろう。

たり　ても　ば　ながら　のに

❷ 次の文の（　）に合う接続語を□から選んで書きましょう。

① 朝から雨がふった（けれど）、午後からはきれいに晴れた。
　のでけれどしから
② 夜空は晴れている（ので）星が出ている。
　のでけれどのに
③ やまとさんは、体も大きい（し）力も強い。
　のにけれどがし
④ バス停《てい》まで走った。（しかし）、バスは出発していた。
　そこでところでそしてしかし
⑤ しょう来《らい》はメジャーでプレーしたい。（だから）、少年野球を続けている。
　するとところがだからあるいは
⑥ わたしはサッカーが得意《とくい》だ。（また）、たっ球《きゅう》も強い。
　またところでするとただし

句読点とふ号 ①

名前　　月　日

● 文を書くときに使うふ号《ごう》の意味と名前にあてはまるものを、□から選んで記号を書きましょう。

① 一つの文を完全に言い切ったところ（ア）
② 名詞《めいし》をいくつかならべるとき（ウ）
③ 同じ漢字がくり返されるとき（ク）
④ 会話、または語句《ごく》を引用するとき（オ）
⑤ 会話の中に、さらに語句を引用するとき（カ）
⑥ 語句または文の次に、特に注意することを書き加えるとき（エ）
⑦ 言葉を省略《しょうりゃく》するとき（キ）
⑧ 一つの文の中で、語句の切れ目のところ（イ）
⑨ かぎ（オ）
⑩ 句点《くてん》（ア）
⑪ 読点《とうてん》（イ）
⑫ なか点（ウ）
⑬ かっこ（エ）
⑭ ダッシュ（キ）
⑮ 二重かぎ（カ）
⑯ かさね字（ク）

ア　。　　イ　、
ウ　・　　エ　（　）
オ　「　」　　カ　『　』
キ　――　　ク　々

句読点とふ号 ②

名前　　月　日

❶ 次の文の書き方で、最も正しいものに○をつけましょう。

①
（○）今日は、とても気持ちのよい天気です。
（　）今日は、とても、気持ちのよい、天気です。
（　）今日はとても、気持ちのよい天気です。

②
（　）「先生おはようございます。」「おはよう田中さん。」
（　）「先生、おはようございます。」「おはよう田中さん。」
（○）「先生、おはようございます。」「おはよう、田中さん。」

❷ 次の文に、句点《くてん》と読点《とうてん》を一つずつつけましょう。

① 村の小学校は、山のてっぺんにあった。
② ぼくの質《しつ》問《もん》に、先生が答えてくださった。
③ 雨がふったので、でかけるのはやめた。
④ 悲しいことに、今でもたくさんの人が病気で死ぬ。
⑤ にわには、にわとりがあそんでいる。

❸ 次の文にかぎ・二重かぎを一つずつつけましょう。

① 父は「父さんの小さいころは、本をよく読んだよ。『赤毛のアン』とかね。」と話していた。
② その日、先生は『エルマーのぼうけん』は、とてもおもしろい。」と話し始めた。

敬体・常体

名前　　月　日

1 次の文の——の言葉を、敬体《けいたい》（ていねいな言い方）に書きかえましょう。

① こわい夢《ゆめ》を見て、目がさめた。（さめました）
② リレーで一生《いっしょう》けん命《めい》に走った。（走りました）
③ この写真は、とてもきれいに写っている。（写っています）
④ 長い話も、もうすぐ終わりそうだ。（終わりそうです）
⑤ まじめに学習に取り組んでみよう。（取り組んでみましょう）
⑥ ぼくは、そんなに上手に書けない。（書けません）
⑦ この資料《しりょう》は、とても大切なものだ。（大切なものです）

2 次の文の——の言葉を、常体《じょうたい》（ふつうの言い方）に書きかえましょう。

① サッカーボールを強くけりました。（けった）
② 友達と遊園地で遊びました。（遊んだ）
③ この問題は、なかなかむずかしそうです。（むずかしそうだ）
④ 家でハムスターを二ひき飼っています。（飼っている）
⑤ 言いたいことがうまく伝わっていません。（伝わっていない）
⑥ あの日はとても暑い日でした。（暑い日だった）
⑦ このジュースを全部飲んでいいのでしょうか。（飲んでいいのだろうか）
⑧ 風船をたくさん飛ばしてみましょう。（飛ばしてみよう）

敬体とは「です・ます」のこと
敬語とはちがうから気をつけて！

手紙の書き方

名前　　月　日

● 工場見学に行く会社に、資料《しりょう》を送っていただくお願いの手紙を書きました。

ア　わたしたちは、そちらの自動車工場におうかがいする、南小学校の五年生です。
イ　おいそがしいと思いますが、どうぞよろしくお願いします。
ウ　豊産《ほうさん》自動車工業御中《おんちゅう》
エ　令和二年五月十一日
オ　はじめてお手紙をさし上げます。
カ　工場見学をする前に、図書館やインターネットなどを利用して自動車について調べています。特に自動車生産の仕組みについて調べてから見学すると、とてもわかりやすくお話が聞けるのではないかと思います。その点についてよくわかる資料があれば、送っていただきたいと思います。
キ　南小学校五年一組　B班《はん》
山田　新

改まった手紙を書くときには、決まった形式があります。
① 前文　書き出しのあいさつ
相手の様子をたずねる
自分のしょうかい　お礼　など
② 本文　中心になることがら
③ 末文　結びのあいさつ
④ 後付け　日付・自分の名前・相手の名前

(1) 手紙の文を、正しい順にならべかえて、その記号を書きましょう。

1	2	3	4	5	6	7
オ	ア	カ	イ	エ	キ	ウ

(2) 次の二つの文は、ある手紙の一部分です。それぞれ右の①〜④のどれにあたるか、番号を書きましょう。

・では、これからもお体に気をつけて元気でお過《す》ごしください。（③）
・イルカサカナ水族館のみなさん。先日おたずねしたときは、色々なお話を聞かせてくださり、ありがとうございました。（①）

えらい！

俳句・短歌

名前　　月　日

1 次の文の□に合う数字や言葉を後ろの□から選んで書きましょう。同じ数字は何回でも使えます。

① 短歌と俳句《はいく》は、ともに［日本］独特《どくとく》の短い詩です。短歌は、［五］・［七］・［五］・［七］・［七］の［三十一］音、俳句は、［五］・［七］・［五］の［十七］音で表現《ひょうげん》されています。
② 短歌には、奈良《なら》時代の終わりに、［万葉集］という歌集が作られてから、今にいたるまで［千］年以上の伝統《でんとう》があります。
③ 俳句は、江戸時代《えどじだい》にさかんになりました。俳句には、季節を示《しめ》す［季語］を入れるという約束があります。

五　十七　三十一　千　七　日本　季語　万葉集《まんようしゅう》

2 次の俳句の季語の右側に線を引き、（　）に季節を書きましょう。また、□に入る漢字一字を□から選んで書きましょう。

① 菜の花や月は東に日は［西］に（春）　与謝蕪村《よさぶそん》
② 柿《かき》くへば［鐘］が鳴るなり法隆寺《ほうりゅうじ》（秋）　正岡子規《まさおかしき》
③ 古池や蛙《かわず》とびこむ［水］の音（春）　松尾芭蕉《まつおばしょう》
④ やれ打つな蝿《はえ》が手をする［足］をする（夏）　小林一茶《こばやしいっさ》

水　西　足　鐘《かね》

3 次の短歌を読んで、その季節と、様子を表す言葉を□から選んで記号を書きましょう。

① 五月雨《さみだれ》の晴れ間にいでて眺《なが》むれば　青田すゞ《ず》しく風わたるなり　良寛《りょうかん》（イ）（エ）
② 金色《こんじき》のちひ《い》さき鳥のかたちして　銀杏《いちょう》ちるなり夕日の岡《おか》に　与謝野晶子《よさのあきこ》（ア）（ウ）

※順不同

ア 秋　イ 初夏　ウ 美しさ　エ すがすがしさ

五月雨とは五月にふる長雨のこと
昔の五月は夏だったんだ

いちょうの葉が散るのは秋だね

見慣《みな》れない言葉だけど、めげずにがんばってね

詩　ふるさと

名前　　月　日

● 次の詩を読んで後の問いに答えましょう。

ふるさと
高野辰之《たかのたつゆき》

うさぎ追ひ《い》し　かの山、
こぶな釣《つ》りし　かの川、
夢《ゆめ》は　今も　めぐりて、
忘《わす》れがたき　ふるさと。

いかにいます　父母《ちちはは》、
つつがなしや　友がき、
雨に風に　つけても、
思ひ《い》いづ《ず》る　ふるさと。

こゝ《こ》ろざしを　はたして、
いつの日にか　帰らん、
山はあをき《お》　ふるさと。
水は清き　ふるさと。

① 次の文の□にあてはまる数字や言葉を□から選んで記号を書きましょう。
この詩は一連が［エ］行ずつの［ウ］連からなり、［ア］で表現《ひょうげん》されています。［キ］土地から［カ］を思う詩です。

ア 文語　イ 口語《こうご》　ウ 三　エ 四　オ 五
カ 美しい故郷《こきょう》　キ 遠くはなれた

② 上の言葉と同じ意味の下の言葉を線で結びましょう。

かの ― あの
いかに ― どのように
います ― いらっしゃる
つつがなしや ― 無事だろう
つけても ― 関しても

③ この詩の中の、作者の心はどんな様子ですか。最も合うものに○をつけましょう。

（　）変わりはてたいなかに帰って、昔のふるさとを思い出している。
（○）いなかに帰る日を心待ちに、ふるさとを思い出している。
（　）父母や友達に会ったので、ふるさとを思い出している。

④ 次のア〜ウは、第何連のことをいったものですか。（　）に連の番号（1・2・3）を入れましょう。

（2）ふるさとにくらす両親や友達のことを気づかっている。
（3）一人前になって、美しいふるさとにいつか帰ろうと思っている。
（1）子どものときに遊んだ山や川のことを思い出している。

文語とは、書き言葉のこと
口語とは、話し言葉のこと

物語文 雪わたり ①

名前　　月　　日

次の文章を読んで後の問いに答えましょう。

雪がすっかりこおって大理石よりもかたくなり、空も冷たいなめらかな青い石の板でできているらしいのです。

「かた雪かんこ、しみ雪しんこ。」

お日様が、真っ白に燃《も》えてゆりのにおいをまき散らし、また雪をぎらぎら照らしました。

木なんか、みんなザラメをかけたようにしもでぴかぴかしています。

「かた雪かんこ、しみ雪しんこ。」

四郎《しろう》とかん子とは、小さな雪ぐつをはいてキックキックキック、野原に出ました。

こんなおもしろい日が、またとあるでしょうか。いつもは歩けないきびの畑の中でも、すすきでいっぱいだった野原の上でも、好きな方へどこまででも行けるのです。平らなことは、まるで一枚《いちまい》の板です。そしてそれが、たくさんの小さな小さな鏡のようにキラキラキラキラ光るのです。

「かた雪かんこ、しみ雪しんこ。」

二人は、森の近くまで来ました。大きなかしわの木は、枝《えだ》もうずまるくらい立派《りっぱ》なすきとおったつららを下げて、重そうに体を曲げておりました。

「かた雪かんこ、しみ雪しんこ。きつねの子ぁ、よめぃほしい、ほしい。」

と、二人は森へ向いて高くさけびました。

宮沢 賢治『ひろがる言葉 小学国語 五下』教育出版

① 雪と空をどのように例えていますか。

雪（大理石よりもかたい（かたくなっている）。）

空（冷たいなめらかな青い石の板でできている。）

1つの文にして答えよう

② 「かた雪かんこ、しみ雪しんこ。」と言っているのはだれですか。

（四郎(ろう)とかん子）

③ ザラメとは何ですか。正しいものを選んで○をつけましょう。

（　）イカのほしたもの

（○）つぶの大きいさとう

（　）白いもめんの布

④ こんなおもしろい日に何ができるのですか。

（好きな方へどこまでででも行くこと。）

⑤ 雪の積もってるきびの畑や野原が平らなことを何に例えていますか。

（一枚(まい)の板）

⑥ 畑や野原がキラキラ光っている様子を何に例えていますか。

（たくさんの小さな小さな鏡）

どんな光景かな
想像《そうぞう》してみよう

物語文 雪わたり ②

名前　　月　　日

次の文章を読んで後の問いに答えましょう。

まくの横に、

「寄贈《きぞう》、おもちたくさん、人の四郎《しろう》氏、人のかん子氏」と、大きな札が出ました。きつねの生徒は、喜《よろこ》んで、手をパチパチたたきました。

その時、ピーと笛が鳴りました。

紺三郎《こんざぶろう》が、エヘンエヘンとせきばらいをしながらまくの横から出てきて、ていねいにおじぎをしました。みんなはしんとなりました。

「今夜は美しい天気です。お月様は、まるで真珠《しんじゅ》のお皿です。お星様は、野原のつゆがキラキラ固まったようです。さて、ただ今から幻灯会《げんとうかい》をやります。みなさんは、またたきやくしゃみをしないで、目をまんまるに開いて見ていてください。それから、今夜は大切な二人のお客様がありますから、どなたも静かにしないといけません。決して、そっちの方へくりの皮を投げたりしてはなりません。開会の辞です。」

みんな喜んで、パチパチ手をたたきました。そして四郎が、かん子にそっと言いました。

「紺三郎さんはうまいんだね。」

宮沢 賢治『ひろがる言葉 小学国語 五下』教育出版

① 今から何が始まるのですか。

（幻(げん)灯会）

② 四郎とかん子のことを文中では別の言葉で何と表しているでしょう。

（大切な二人のお客様）

③ お月様とお星様を何に例えていますか。

お月様（真珠(じゅ)のお皿）

お星様（キラキラ固まった野原のつゆ）

「何に」と聞かれているので、
最後が名詞の形になるように答えよう

④ みなさんが指す言葉を選んで○をつけましょう。

（　）四郎とかんこ

（○）きつねの生徒

（　）お月様とお星様

⑤ そっちが指す言葉を選んで○をつけましょう。

（○）四郎とかんこのいる方

（　）野原の方

（　）きつねの生徒の方

⑥ 紺三郎は何がうまいのですか。文中の言葉で答えましょう。

（開会の辞）

物語文 雪わたり ③

名前　　月　　日

次の文章を読んで後の問いに答えましょう。

紺三郎《こんざぶろう》が、二人の前に来て、ていねいにおじぎをして言いました。

「それでは。さようなら。今夜のごおんは決してわすれません。」

二人も、おじぎをして、うちの方へ帰りました。きつねの生徒たちが、追いかけてきて、二人のふところやかくしに、どんぐりだのくりだの青光りの石だのを入れて、

「そら、あげますよ。」

「そら、取ってください。」

なんて言って、風のようににげ帰っていきます。

紺三郎は笑って見ていました。

二人は、森を出て、野原を行きました。

その青白い雪の野原のまん中で、三人の黒いかげが、向こうから来るのを見ました。それは、むかえに来た兄さんたちでした。

宮沢 賢治『ひろがる言葉 小学国語 五下』教育出版

① 紺三郎は二人の前に来て、ていねいに何をしましたか。

（おじぎ）

② 人から受けた親切のことを、文中の言葉で言いかえましょう。

（ごおん）

③ きつねの生徒があげたものは何ですか。三つ書きましょう。

（どんぐり）（くり）

（青光りの石）

④ ③をどこに入れましたか。

（二人のふところやかくし）

(四郎とかん子の)

⑤ 三人の黒いかげとは何ですか。

（むかえに来た兄さんたち）

⑥ 黒いかげという表現《ひょうげん》からわかることに、○をつけましょう。

（　）太陽が出ている。

（○）顔かたちがよく見えない。

（　）黒い服を着ている。

物語文 世界でいちばんやかましい音 ①

名前　　月　　日

次の文章を読んで後の問いに答えましょう。

ところで、ガヤガヤの町のやかましい人々の中でも、とりわけやかましいのは王子様でした。王子様は、名前をギャオギャオといいました。そして、まだ六つにもなっていないのに、たいていの大人よりずっとやかましい音を立てることができました。王子様は、大声でわめき散らしながら、おなべとやかんをぶつけ合わせ、おまけにヒューッと口笛を鳴らすことができました。

王子様の大好きな遊びは、ドラムかんとブリキのバケツを高く積み上げて山にし、それから、大きな音を立てて、ガラガラガッシャンガッシャンガッシャンと、その山をくずすことでした。王子様は、はしごを使って、山をどんどん、どんどん高くしていき、音をどんどん、どんどんやかましくしていきました。□、どんなに音をやかましくしても、これで十分という気持ちになれませんでした。「もっとやかましい音が聞きたい。もっともっとやかましい音が聞きたい。世界でいちばんやかましい音が聞きたい。」と、王子様は思いました。

ベンジャミン・エルキン作／松岡 享子 訳『新しい国語 五』東京書籍

① ほとんど、大部分と同じ意味の言葉を文中から選びましょう。

（たいてい）

② ガヤガヤの町でとくにやかましいのはだれですか。

（王子様）

③ ②の人の名前と年れいを書きましょう。

名　前（ギャオギャオ）

年れい（五さい（五つ、五才））

「まだ六つにもなっていない」からわかるね

④ 王子様が出せる三つのやかましい音に線を引きましょう。

⑤ 王子様の大好きな遊びに使うものは何ですか。三つ書きましょう。

（ドラムかん）（ブリキのバケツ）

（はしご）

⑥ 文中の□に入る言葉を選んで○をつけましょう。

（○）けれども

（　）しかも

（　）だから

物語文 世界でいちばんやかましい音②

名前　月　日

次の文章を読んで後の問いに答えましょう。

「うん、少しはいいと思うけど。」

と、王子様は言いました。

「でも、それだって、世界でいちばんやかましい音というわけにはいかないと思うんだ。」

王様は、たいへんやさしいかたでした。でも、だんだん（1）し始めました。

「いったい、どうすりゃ気がすむんだ？　おまえに何かいい考えでもあるのか？」

「うん、ぼく、ずうっと前から考えてたんだ。世界中の人が、一人残らず、同時にどなったら、どんな音になるだろうって。何百万、何千万、何億もの人が、みんないっしょに『ワアー。』ってさけんだら、きっと、それが、世界でいちばんやかましい音だと思うんだ。」

「ふうむ。」と、王様は考えこみました。考えれば考えるほど、これはおもしろいという気がしてきました。

「こいつは、いける。」と、王様は思いました。「それに、（2）、これを実現《じつげん》させたら、わしは、全世界の人間に同時に同じことをさせた世界最初の王として、歴史《れきし》に名前が残るわけじゃ。」

「よし、やってみよう！」

と、王様は言いました。

ベンジャミン・エルキン作／松岡 享子 訳『新しい国語 五』東京書籍

① （1）に入る言葉を選んで○をつけましょう。

（　）にこにこ
（○）いらいら
（　）わくわく

② 王子様がずっと前から考えていたことは何ですか。

（世界中の人が、一人残らず、同時にどなったら、どんな音になるだろうということ。）

「〜こと。」と答えよう

③ それが指すところをぬき書きしましょう。

（何百万、何千万、何億もの人が、みんないっしょに『ワアー。』ってさけんだら）

④ こいつが指すことを選んで○をつけましょう。

（　）王子様
（　）世界中の人
（○）世界でいちばんやかましい音を出すこと。

⑤ （2）に入る言葉を選んで○をつけましょう。

（○）もし
（　）ただ
（　）でも

⑥ 王様は何になることで歴史に名前が残ると思ったのですか。

（全世界の人間に同時に同じことをさせた最初の王になること。）

物語文 世界でいちばんやかましい音③

名前　月　日

次の文章を読んで後の問いに答えましょう。

この町の歴史《れきし》が始まって以来、初めて、ガヤガヤの町は、しいんと静まり返りました。世界でいちばんやかましい音で、王子様の誕《たん》生日《じょうび》をお祝いするはずだったのに……。

人々は、王子様に悪いことをしたと思いました。申しわけなさとはずかしさで、人々は、頭をたれ、こそこそと家に帰りかけました。

ところが、急に、足を止めました。あれは、何でしょう？　宮殿《きゅうでん》のバルコニーから聞こえてくる、あの音は？

まさかと思いましたが、まちがいありません。王子様です。王子様がうれしそうに手をたたいているのです！　王子様は、しきりにはしゃいで、とんだりはねたりしながら、庭の方を指差していました。

生まれて初めて、王子様は、小鳥の歌を聞いたのです。木の葉《は》が風にそよぐ音を、小川を流れる水の音を聞いたのです。生まれて初めて、王子様は、人間の立てるやかましい音ではなく、自然の音を聞いたのです。生まれて初めて、王子様は、静けさと落ち着きを知ったのです。そして、王子様は、それがすっかり気に入りました。

ベンジャミン・エルキン作／松岡 享子 訳『新しい国語 五』東京書籍

① 今までに、ガヤガヤの町が静まり返ったことはありますか。

（ない。（今回が初めて。など））

② 町の人々は何で王子様の誕生日のお祝いをするはずでしたか。

（世界でいちばんやかましい音。）

③ あの音とはだれが何をしている音ですか。

（王子様がうれしそうに手をたたいている音。）

④ まさかと思った理由に○をつけましょう。

（○）宮殿のバルコニーから王子様がはしゃぐ音が聞こえてきたから。
（　）世界でいちばんやかましい音が聞こえなかったから。
（　）生まれて、初めて小鳥の歌を聞いたから。

⑤ 小鳥の歌、木の葉が風にそよぐ音、小川が流れる水の音を別の言葉で何の音と表現《ひょうげん》していますか。

（自然の音）

⑥ それがとは何のことですか。

（静けさと落ち着き）

ファイト！

物語文 注文の多い料理店①

名前　月　日

次の文章を読んで後の問いに答えましょう。

二人のわかいしんしが、すっかりイギリスの兵隊の形をして、ぴかぴかする鉄ぼうをかついで、白くまのような犬を二ひき連れて、だいぶ山おくの、木の葉のかさかさしたとこを、こんなことを言いながら、歩いておりました。

中略《ちゅうりゃく》

それに、あんまり山がものすごいので、その白くまのような犬が、二ひきいっしょに目まいを起こして、しばらくうなって、それからあわをはいて死んでしまいました。

「実にぼくは、二千四百円の損害《そんがい》だ。」

と、一人のしんしが、その犬のまぶたを、ちょっと返してみて言いました。

「ぼくは二千八百円の損害だ。」

と、も一人が、くやしそうに、頭を曲げて言いました。

初めのしんしは、少し顔色を悪くして、じっと、も一人のしんしの、顔つきを見ながら言いました。

「ぼくはもうもどろうと思う。」

「さあ、ぼくもちょうど寒くはなったし、はらはすいてきたし、もどろうと思う。」

「そいじゃ、これで切り上げよう。なあに、もどりに、昨日の宿屋で、山鳥を十円も買って帰ればいい。」

「うさぎも出ていたねえ。そうすれば結局おんなじこった。では帰ろうじゃないか。」

宮沢 賢治『新しい国語 五』東京書籍

① 白くまのような犬は、目まいを起こしてうなってからどうなりましたか。

（あわをはいて死んでしまった。）

「〜なった。」「〜した。」と答えよう

② 二千四百円の損害とは何を表していますか。

（犬のねだん）

③ ここでの切り上げるとはどうすることかを選んで○をつけましょう。

（　）二千四百円をあげること。
（○）寒いし、はらがすいてきたのでもどること。
（　）山鳥のねだんをねぎること。

④ 結局おんなじこったとは、何が同じことなのですか。選んで○をつけましょう。

（　）山鳥もうさぎも十円であること。
（　）どっちの道を行っても宿屋につくということ。
（○）自分でとっても宿屋で買ってもえものを持って帰れるということ。

⑤ 二人のわかいしんしは、山おくで何をしていましたか。考えて書きましょう。

（かり（しゅりょう、りょう））

「鉄ぽう」をかついで「犬」をつれていることからわかるね

物語文 注文の多い料理店②

名前　月　日

次の文章を読んで後の問いに答えましょう。

二人はげんかんに立ちました。げんかんは白い瀬戸《せと》のれんがで組んで、実にりっぱなもんです。

そしてガラスの開き戸がたって、そこに金文字でこう書いてありました。

【どなたもどうかお入りください。決してごえんりょはありません。】

二人はそこで、ひどく喜《よろこ》んで言いました。

「こいつはどうだ。やっぱり世の中はうまくできてるねえ。今日一日なんぎしたけれど、今度はこんないいこともある。このうちは料理店だけれども、ただでごちそうするんだぜ。」

「どうもそうらしい。決してごえんりょはありませんというのはその意味だ。」

二人は戸をおして、中へ入りました。そこはすぐろう下《か》になっていました。そのガラス戸のうら側には、金文字でこうなっていました。

【ことに太ったおかたやわかいおかたは、大かんげいいたします。】

二人は大かんげいというので、もう大喜びです。

「君、ぼくらは大かんげいに当たっているのだ。」

「ぼくらは両方かねてるから。」

ずんずんろう下を進んでいきますと、今度は水色のペンキぬりの戸がありました。

「どうも変なうちだ。どうしてこんなにたくさん戸があるのだろう。」

宮沢 賢治『新しい国語 五』東京書籍

① げんかんは何でできていますか。

（白い瀬戸(せと)のれんが。）

② 開き戸には何と書いてありましたか。

（どなたもどうかお入りください。決してごえんりょはありません。）

③ こいつが指すものを選んで○をつけましょう。

（　）二人のうちの相手
（　）お入りくださいと書いた人
（○）開き戸の文字の内容《ないよう》

④ 苦労と同じ意味の言葉を文中からさがしましょう。

（なんぎ）

⑤ ただでごちそうすると思ったのは、どんな言葉からですか。

（決してごえんりょはありません。）

⑥ 両方かねてるとはどんなことですか。

（太っていて、わかいこと。）

「どちらももっている」という意味があるよ

⑦ 「どうも変なうちだ。」とありますが、どんなことが変なのですか。

（たくさん戸があること。）

物語文 注文の多い料理店 ③

名前　　月　日

● 次の文章を読んで後の問いに答えましょう。

「どうもおかしいぜ。」

「ぼくもおかしいと思う。」

「たくさんの注文というのは、向こうがこっちへ注文してるんだよ。」

「だからさ、西洋料理店というのは、ぼくの考えるところでは、西洋料理を、来た人に食べさせるのではなくて、来た人を西洋料理にして、食べてやるうちと、こういうことなんだ。これは、その、つ、つ、つ、つまり、ぼ、ぼ、ぼくらが……。」

がたがたがたがたふるえだして、もうものが言えませんでした。

「その、ぼ、ぼくらが、……うわあ。」

がたがたがたがたふるえだして、もうものが言えませんでした。

「にげ……。」

がたがたしながら、一人のしんしは後ろの戸をおそうとしましたが、どうです、戸はもう一分も動きませんでした。

おくの方にはまだ一枚《いちまい》戸があって、大きなかぎあなが二つ付き、銀色のホークとナイフの形が切り出してあって、

【いや、わざわざご苦労です。たいへんけっこうにできました。さあさあ、おなかにお入りください。】

と書いてありました。おまけに、かぎあなからは、きょろきょろ二つの青い目玉がこっちをのぞいています。

「うわあ。」がたがたがたがた。

「うわあ。」がたがたがたがた。

二人は泣きだしました。

宮沢 賢治『新しい国語 五』東京書籍

① こっちと同じ意味で使われている言葉に線を引きましょう。

② ぼくの考えるところとはどんなことですか。

（西洋料理店というのは、西洋料理を来た人に食べさせるのではなくて、来た人を西洋料理にして食べてやるうちということ。）

「〜こと。」と答えよう

③ 「その、ぼ、ぼくらが、……」の……にはどんな言葉が入りますか。

（食べられてしまう（る））ということなんだ。

④ 文中の一分と同じ使い方を選んで○をつけましょう。

（　）タイムが一分おそくなった。

（○）一分のすきもない人間だ。

（　）対戦成績《せいせき》は三勝二敗一分けだ。

⑤ 文中のおまけと同じ意味に使われている文を選んで○をつけましょう。

（○）雨がふり、おまけに風も強い。

（　）おまけにおもちゃがついていた。

（　）百円おまけします。

⑥ がたがたがたがたとは何の音ですか。選んで○をつけましょう。

（　）ドアをおす音
（○）こわくて体がふるえる音
（　）二つの青い目玉が動く音

物語文 だいじょうぶ　だいじょうぶ ①

名前　　月　日

● 次の文章を読んで後の問いに答えましょう。

ぼくが今よりずっと赤ちゃんに近く、おじいちゃんが今よりずっと元気だったころ、ぼくとおじいちゃんは毎日のように、お散歩を楽しんでいました。

ぼくたちのお散歩は、家の近くをのんびりと歩くだけのものでしたが、遠くの海や山をぼうけんするような楽しさにあふれていました。

草も木も、石も空も、虫もけものも、人も車も。

ときには、たまごを運ぶありや鼻の頭をけがしたねこにさえ、古くからの友達のようにおじいちゃんは声をかけていました。

そんなおじいちゃんと手をつないでとことこ歩いていると、ぼくの周りは、まほうにでもかかったみたいにどんどん広がっていくのでした。

いとう ひろし『新しい国語 五』東京書籍

① ぼくとおじいちゃんが毎日のようにしていたことは何ですか。

（お散歩）

② ぼくたちのお散歩はどんなものですか。

（家の近くをのんびりと歩くだけのもの。）

③ 家の近くのお散歩が、なぜ遠くの海や山のぼうけんのように感じたのですか。正しいものを選んで○をつけましょう。

（　）ぼうけんのようにあぶなかったから。

（○）ぼうけんのようにわくわくと楽しかったから。

（　）ぼうけんのように遠くまで歩いたから。

④ 古くからの友達のようにとはどんな気持ちがこめられていますか。正しいものを選んで○をつけましょう。

（○）やさしく愛情《あいじょう》深い気持ち。

（　）昔をなつかしむ気持ち。

（　）元気でいてほしい気持ち。

⑤ まほうにでもかかったみたいにとはどんなことですか。正しいものを選んで○をつけましょう。

（○）まほうのようにふしぎ。

（　）まほうのようにこわい。

（　）まほうのようにありえない。

物語文 だいじょうぶ　だいじょうぶ ②

名前　　月　日

● 次の文章を読んで後の問いに答えましょう。

でも、新しい発見や楽しい出会いが増《ふ》えれば増えるだけ、こまったことや、こわいことにも、出会うようになりました。

お向かいのけんちゃんは、わけもなくぼくをぶつし、おすましのくみちゃんは、ぼくに会うたびに顔をしかめます。犬はうなって歯をむき出すし、自動車は、タイヤをきしませて走っていきます。

飛行機は空から落ちることがあるのも知ったし、あちらにもこちらにも、おそろしいばいきんがうようよしてるってことも知りました。いくら勉強したって読めそうにない字があふれているし、何だか、このまま大きくなれそうにないと、思えるときもありました。

だけどそのたびに、おじいちゃんが助けてくれました。

おじいちゃんは、ぼくの手をにぎり、おまじないのようにつぶやくのでした。

「だいじょうぶ、だいじょうぶ。」

いとう ひろし『新しい国語 五』東京書籍

① 何が増えれば増えるだけ、何に出会うようになりましたか。

（新しい発見や楽しい出会い）が増えれば増えるだけ、（こまったことや、こわいこと）に出会うようになった。

② おすましとはどんな意味ですか。正しい言葉を選んで○をつけましょう。

（○）気どっている
（　）いじわる
（　）気が強い

③ このまま大きくなれそうにないと思った理由で正しいものを選んで○をつけましょう。

（○）こまったことやこわいことが解決《かいけつ》できそうにないと思えたから。

（　）こわいことが起こり大人になる前に死んでしまうのではと思ったから。

（　）身長が低いまま大人なってしまうと思ったから。

④ おまじないのようにという言葉からわかる、おじいちゃんの気持ちに○をつけましょう。

（　）願いがかなってほしいという気持ち。

（○）心配しないでいいという気持ち。

（　）自分ではどうすることもできないという気持ち。

物語文 だいじょうぶ　だいじょうぶ ③

名前　　月　日

● 次の文章を読んで後の問いに答えましょう。

「だいじょうぶ、だいじょうぶ。」

ぼくとおじいちゃんは、何度その言葉をくり返したことでしょう。けんちゃんともくみちゃんとも、いつのまにか仲良くなりました。犬に食べられたりもしませんでした。

何度も転んでけがもしたし、何度も病気になりました。でもそのたびに、すっかりよくなりました。車にひかれることもなかったし、頭に飛行機が落ちてくることもありませんでした。むずかしい本も、いつか読めるようになると思います。もっともっと、たくさんの人や動物や草や木に出会えると思います。

ぼくは、（1）大きくなりました。おじいちゃんは、（2）年を取りました。

だから今度はぼくの番です。

おじいちゃんの手をにぎり、何度でも何度でもくり返します。

「だいじょうぶ、だいじょうぶ。」

だいじょうぶだよ、おじいちゃん。

いとう ひろし『新しい国語 五』東京書籍

① その言葉とは何ですか。

（だいじょうぶ、だいじょうぶ。）

② そのたびにが指していることに○をつけましょう。

（○）けがをしたり病気になったりしたこと。

（　）だいじょうぶをくりかえしたこと。

（　）すっかりよくなったこと。

③ これから、ぼくにできることは何ですか。二つ書きましょう。

（むずかしい本も、いつか読めるようになること。）

（もっともっと、たくさんの人や動物や草や木に出会えること。）

④ （1）（2）には同じ言葉が入ります。正しい言葉を選んで○をつけましょう。

（　）ずんずん
（○）ずいぶん
（　）ちょっと

⑤ なぜ今度はぼくの番になったのですか。理由を想像《そうぞう》して書きましょう。

（おじいちゃんが、年を取って体が弱くなってしまったから。）

似た意味のことが書けていればOKだよ

物語文 たずねびと ①

次の文章を読んで後の問いに答えましょう。


翌日《よくじつ》の放課後、メモに「死没者数《しぼつしゃすう》」なども写し取ってから、ポスターをながめていると、後ろから頭をちょんとつつかれた。

じゅくに行くとちゅうのお兄ちゃんだった。

「綾《あや》、何してるの。」

わたしは、「楠木《くすのき》アヤ」と書いてある所を指さした。

「びっくりだね。」

お兄ちゃんもポスターを見つめた。

「広島市から来たポスターかあ——。」

広島市。となりの県の県庁所在地《けんちょうしょざいち》。世界で初めて原子爆弾《げんしばくだん》が落とされたところ——わたしが知っているのは、それくらいだ。

お兄ちゃんは、ぱっと時計を見た。

「まずい、おくれる。綾も、さっさと帰れ。」

わたしは、お兄ちゃんに引っぱられるようにして駅の構内《こうない》をぬけた。

その夜、夕ご飯が終わってからお母さんにポスターの話をした。夢《ゆめ》の話はしなかった。

ただ、「アヤちゃんのこと、どうして何十年もだれもさがしにこないのかな。」と不思議に思っていたことをきいてみたのだ。

そこへ、お兄ちゃんも帰ってきた。

「綾はね、駅で、すごくしんけんにポスターを見てたんだよ。」

朽木 祥「国語 五 銀河」光村図書

① 後ろから頭をつつかれたとき、わたしは何をしていましたか。
（ポスターをながめていた。）

「～（し）ていた。」と答えよう

② 「びっくりだね。」と言ったのはだれですか。
（お兄ちゃん）

③ わたしの知っている広島市とは、どんなところですか。二つ書きましょう。
（となりの県の県庁《ちょう》所在地）

（世界で初めて原子爆弾《ばくだん》が落とされたところ）

④ おくれるとは何におくれるのですか。
（じゅく）

⑤ お母さんにポスターの話をしたのはいつですか。
（夕ご飯が終わってから）

⑥ わたしが不思議に思っていたこととはどんなことですか。
（どうしてアヤちゃんのことを何十年もだれもさがしにこないのかということ。）

「～こと。」と答えよう

名前　　月　日

物語文 たずねびと ②

次の文章を読んで後の問いに答えましょう。


それを聞くと、おばあさんはだまりこんでしまった。

わたしはこまってお兄ちゃんを見た——おばあさんをがっかりさせてしまったにちがいないと思ったのだ。
□、そうではなかった。おばあさんは、ほうきとちりとりをわきに置くと、しゃがんで供養塔《くようとう》に手を合わせ、こう言ったのだ。
「アヤちゃん、よかったねえ。もう一人のアヤちゃんがあなた《ア》に会いに来てくれたよ。」

やがておばあさんは顔を上げると、しわだらけの顔いっぱいに、もっとしわをきざんでわたしに笑いかけた。目には光るものがあったので、泣き笑いみたいな表情《ひょうじょう》だった。

「この楠木《くすのき》アヤちゃんの夢《ゆめ》やら希望やらが、あなた《イ》の夢や希望にもなって、かなうとええねえ。元気で長《なご》う生きて、幸せにおくらしなさいよ。」

わたしははずかしくなって下を向いてしまった。そんなことは考えたこともなかったからだ。

朽木 祥「国語 五 銀河」光村図書

① □に入る言葉を選んで○をつけましょう。
（　）しかも
（○）だが
（　）やはり

② そうとは何をさしていますか。
（おばあさんをがっかりさせてしまったこと。）

③ どんなことがよかったのですか。
（アヤちゃんに、もう一人のアヤちゃんが会いに来てくれたこと。）

④ ア——のあなたとイ——のあなたはそれぞれだれのことですか。文中の言葉で二つずつ答えましょう。
ア（アヤちゃん）（楠木《くすのき》アヤちゃん）
イ（もう一人のアヤちゃん）（わたし）

⑤ 目には光るものとは、何のことですか。
（なみだ）

⑥ そんなこととはどんなことですか。一つ選んで○をつけましょう。
（　）なくなった楠木アヤさんのこと。

（　）楠木アヤさんの夢や希望を知ること。

（○）自分の夢や希望をかなえて元気で長生きすること。

名前　　月　日

物語文 たずねびと ③

次の文章を読んで後の問いに答えましょう。


秋の日は短くて日がしずみかけていた。川土手を□歩いて橋に向かった。

静かに流れる川、夕日を受けて赤く光る水。

わたしはらんかんにもたれた。お兄ちゃんもせかさなかった。昼過《す》ぎに、この橋をわたったときには、きれいな川はきれいな川でしかなかった。ポスターの名前が、ただの名前でしかなかったように。

資料館《しりょうかん》で読んだ説明が思い出された——この辺りは、元はにぎやかな町だった。町には多くの人々がくらしていた。だが、あの朝、一発の爆弾《ばくだん》が町も人も、この世から消してしまった。

消えてしまった町、名前でしかない人々、名前でさえない人々、数でしかない人々、数でさえない人々。

だけど、あのおばあさんが言っていたように、わたしたちがわすれないでいたら——楠木《くすのき》アヤちゃんが確《たし》かにこの世にいて、あの日までここで泣いたり笑ったりしていたこと、そして、ここでどんなにおそろしいことがあったかということ——をずっとわすれないでいたら、世界中のだれも、二度と同じような目にあわないですむのかもしれない。

メモに書いた「楠木アヤ」という文字を、また指でなぞった。

朽木 祥「国語 五 銀河」光村図書

① □に入る言葉を選んで○をつけましょう。
（　）元気に
（　）急いで
（○）ゆっくり

② らんかんとは何ですか。正しい意味を選んで○をつけましょう。
（　）川土手にある木のこと。

（　）橋のたもとのこと。

（○）橋のてすりのこと。

③ お兄ちゃんがせかさなかったのはなぜですか。最も正しい文を選んで○をつけましょう。
（　）静かに流れる川や夕日の景色をもう少し見ていたかったから。

（　）資料館の見学でつかれたから。

（○）妹が爆弾でなくなった町や人のことを考えているだろうと感じたから。

④ 数でしかない人々の「数」とは何ですか。選んで○をつけましょう。
（○）爆弾でなくなった人数。

（　）消えてしまった町にくらしていた人数。

（　）ポスターにのっている名前の数。

⑤ おそろしいこととはどんなことですか。文中の言葉を使って書きましょう。
（一発の爆弾《ばくだん》が町も人も、この世から消してしまったこと。）

名前　　月　日

物語文 大造じいさんとガン ①

次の文章を読んで、後の問いに答えましょう。

ア
今年も、残雪《ざんせつ》は、ガンの群れを率《ひき》いて、ぬま地にやってきました。

イ
残雪というのは、一羽《いちわ》のガンにつけられた名前です。左右のつばさに一か所ずつ、真っ白な交じり毛をもっていたので、かりゅうどたちからそうよばれていました。

ウ
残雪は、このぬま地に集まるガンの頭《とう》領《りょう》らしい、なかなかりこうなやつで、仲間がえ《えさ》をあさっている間も、油断《ゆだん》なく気を配っていて、りょうじゅうのとどく所まで、決して人間を寄《よ》せつけませんでした。

エ
大造《だいぞう》じいさんは、このぬま地をかり場にしていたが、いつごろからか、この残雪が来るようになってから、一羽のガンも手に入れることができなくなったので、いまいましく思っていました。

オ
そこで、残雪がやって来たと知ると、大造じいさんは、今年こそはと、かねて考えておいた特別な方法に取りかかりました。

カ
それは、いつもガンのえをあさる辺り一面にくいを打ちこんで、タニシを付けたウナギつりばりを、たたみ糸で結び付けておくことでした。じいさんは、一晩《ひとばん》中かかって、たくさんのウナギつりばりをしかけておきました。今度は、なんだかうまくいきそうな気がしてなりませんでした。

椋 鳩十「国語 五 銀河」光村図書

① 「残雪」という名前は、どんなところからつけられましたか。
左右のつばさに一か所ずつもっている、真っ白な交じり毛が残り雪のようだから。

② 大造じいさんはどんな仕事をしていますか。文中から言葉を選んで書きましょう。
りょうじゅうでガンをうって手に入れる、かりゅうどとよばれる仕事。

③ 大造じいさんは、なぜ一羽のガンも手に入れることができなくなったのですか。その理由が書いてある段落《だんらく》の記号に、○をつけましょう。
（ウに○）

④ いまいましいとはどういう意味でしょう。正しいものに○をつけましょう。
（　）悲しい　（　）こまっている
（　）残念　（○）はらが立つ

⑤ 大造じいさんの考えていた、特別な方法とは、どんなことですか。
（いつもガンのえをあさる辺り一面にくいを打ちこんで、タニシを付けたウナギつりばりを、たたみ糸で結び付けておくこと。）

⑥ 大造じいさんがうまくいきそうな気がしたのはなぜですか。最も合うものに○をつけましょう。
（　）一晩中かかってしかけたから。

（○）特別な方法に自信があったから。

（　）今までうまくいかなかったから。

名前　　月　日

物語文　大造じいさんとガン　②

名前　　　月　　日

次の文章を読んで、後の問いに答えましょう。

今年もまた、ぼつぼつ、例のぬま地にガンの来る季節になりました。

大造《だいぞう》じいさんは、生きたドジョウを入れたどんぶりを持って、鳥小屋の方に行きました。じいさんが小屋に入ると、一羽《いちわ》のガンが、羽をばたつかせながら、じいさんに飛び付いてきました。

このガンは、二年前、じいさんがつりばりの計略《けいりゃく》で生けどったものだったのです。今では、すっかりじいさんになついていました。ときどき、鳥小屋から運動のために外に出してやるが、ヒュー、ヒュー、ヒューと口笛をふけば、どこにいてもじいさんのところに帰ってきて、そのかた先に止まるほどになれていました。

ア大造じいさんは、ガンがどんぶりからえを食べているのを、じっと見つめながら、

「今年はひとつ、これを使ってみるかな。」

と独《ひと》り言《ごと》を言いました。

じいさんは、長年の経験《けいけん》で、ガンは、いちばん最初に飛び立ったものの後について飛ぶ、ということを知っていたので、このガンを手に入れたときから、ひとつ、これをおとりに使って、残雪《ざんせつ》の仲間をとらえてやろうと、考えていたのでした。

椋鳩十「国語 五 銀河」光村図書

① 鳥小屋にいるガンは、大造じいさんがいつ、どういう方法で生けどったものですか。

いつ（二年前）

方法（つりばりの計略）

② ①のガンは、大造じいさんにどれほどなれていますか。文中のその部分に線を引きましょう。

③ ア――で、大造じいさんはガンをどんな気持ちで見つめていましたか。最も合うものを選んで○をつけましょう。

（　）うまそうにエサを食べているなあ。

（　）すごくなついてくれて、かわいいなあ。

（○）今度のかりに役立ってもらおう。

④ 大造じいさんが、長年の経験で知ったガンの性質《せいしつ》を書きましょう。

（ガンは、いちばん最初に飛び立ったものの後について飛ぶ。）

⑤ おとりとは、どういう意味ですか。□に入る言葉を□から選んで記号を書きましょう。

他の鳥を［ア］ための［エ］の鳥。

ア さそい寄《よ》せる　イ 遠ざける　ウ にがす
エ 同種　オ 野生　カ 大型

物語文　大造じいさんとガン　③

名前　　　月　　日

次の文章を読んで後の問いに答えましょう。

「あっ。」

一羽《いちわ》、飛びおくれたのがいます。

大造《だいぞう》じいさんのおとりのガンです。長い間飼いならされていたので、①野鳥としての本能《ほんのう》がにぶっていたのでした。

ハヤブサは、その一羽を見のがしませんでした。

じいさんは、ピュ、ピュ、ピュと口笛をふきました。

②こんな命がけの場合でも、飼い主のよび声を聞き分けたとみえて、ガンは、こっちに方向を変えました。

ハヤブサは、その道をさえぎって、パーンと一けり けりました。

ぱっと、白い羽毛《うもう》があかつきの空に光って散りました。ガンの体はななめにかたむきました。

もう一けりと、ハヤブサがこうげきの姿《し》勢《せい》をとったとき、さっと、大きなかげが空を横切りました。

残雪《ざんせつ》です。

大造じいさんは、ぐっとじゅうをかたに当て、残雪をねらいました。が、③なんと思ったか、再《ふたた》びじゅうを下ろしてしまいました。

残雪の目には、人間もハヤブサもありませんでした。ただ、救《すく》わねばならぬ仲間のすがたがあるだけでした。

いきなり、てきにぶつかっていきました。

そして、あの大きな羽で、力いっぱい相手をなぐりつけました。

椋鳩十「国語 五 銀河」光村図書

① ①――はどういうことを表していますか。□の中に文中から合う言葉を選んで書きましょう。

おとりのガンは長い間人間に（飼いならされて）いたので（ハヤブサ）などのてきから身を守ったりする（本能）がうまく働かず、飛びおくれた。

② ②――とはどんな場合ですか。正しいものを一つ選んで○をつけましょう。

（　）飼い主に口笛でよばれている場合。

（○）飛びおくれて、ハヤブサにねらわれている場合。

（　）おとりとしての役目をはたしている場合。

③ 大造じいさんを③――のようにさせたのは、残雪のどんな様子を見たからですか。本文から三行をぬき書きしましょう。

（いきなり、てきにぶつかっていきました。そして、あの大きな羽で、力いっぱい相手をなぐりつけました。）

本文の言葉をそのまま書こう
「、」や「。」もわすれずに！

④ 大造じいさんはなぜ、じゅうを下ろしたのでしょう。一番合うものに○をつけましょう。

（○）残雪が、自分の身の安全よりも仲間を助けようとしているから。

（　）じゅうをうてば、残雪だけでなく、おとりのガンにもあたるように思えたから。

（　）残雪がハヤブサと戦えばいいと思ったから。

伝記　やなせたかし―アンパンマンの勇気　①

名前　　　月　　日

次の文章を読んで後の問いに答えましょう。

やなせたかし（本名 柳瀬《やなせ》 嵩《たかし》）は、一九一九年に東京で生まれた。両親と二さい下の弟との四人家族だったが、たかしが五さいのとき、新聞記者をしていた父親が病死してしまう。たかしと弟は母親とはなれ、高知県のおじ夫婦《ふうふ》のもとに引き取られることになった。

おじもおばも、二人を本当の子どものようにかわいがってくれた。しかし、たかしの中にはどこかえんりょする気持ちがあり、どうしてもすなおになることができない。

「おじさんもおばさんもよくしてくれる。なのに、むねがつぶれるようにさびしいのは、なぜだろう。」

弟の千尋《ちひろ》にもそんな思いを打ち明けることができず、中学校に進むころには、たかしは内気な少年になっていた。

そんなたかしを救《すく》ったのは、絵をかくことだった。夢中《むちゅう》になってかいているときだけは、さびしさをわすれることができたのだ。たかしはいつしか、将来《しょうらい》はまんが家になりたいという夢《ゆめ》をいだくようになった。

本格的《ほんかくてき》に美術《びじゅつ》の勉強をするために上京し、東京高等工芸学校に入学したのは、一九三七年、十八さいのときである。直後に日本は中国との戦争を始めたが、たかしの学生生活は、自由で充実《じゅうじつ》したものだった。

梯久美子「国語 五 銀河」光村図書

① やなせたかしはいつどこで生まれましたか。

いつ（一九一九年）

どこで（東京）

② たかしが五さいのときにどんなできごとがありましたか。二つに分けて書きましょう。

（新聞記者をしていた父親が病死してしまう。）

（たかしと弟は母親とはなれ、高知県のおじ夫婦のもとに引き取られることになった。）

③ たかしがさびしいのはなぜだと思いますか。選んで○をつけましょう。

（○）母親とはなれて遠い高知でくらしているから。

（　）たかしは内気で友達がいないから。

（　）おじ夫婦が自分によくしてくれるのが申しわけないと思ったから。

④ たかしがさびしさをわすれることができたのは何をしているときですか。

（絵をかいているとき。）

⑤ たかしの夢は何でしたか。

（将来はまんが家になりたいという夢。）

（まんが家）

伝記　やなせたかし―アンパンマンの勇気　②

名前　　　月　　日

次の文章を読んで後の問いに答えましょう。

たかしは考え続けた。

「じゃあ、この世に正義《せいぎ》はないのだろうか。みんな自分勝手に生きているだけなのか。それじゃあ、あまりにむなしすぎる。」

戦後の日本は貧《まず》しく、着る物も食べる物も不足していた。あちこちに空襲《くうしゅう》の焼けあとも残っている。たかしは生活のために、高知で廃品回収《はいひんかいしゅう》の仕事を始めた。そんなある日、たかしは道ばたで、おさない兄弟がおにぎりを分け合って食べているのを見た。服はよごれていたが、二人とも幸せそうに笑っていた。そのえがおを見て、たかしははっとした。

「本当の正義とは、おなかがすいている人に、食べ物を分けてあげることだ。」

戦争は、人を殺《ころ》すことだが、食べ物を分けることは、人を生かすことであり、命をおうえんすることだ――そう気がついたのだ。

「今も世界中に戦争をしている国があって、あのときのぼくよりもっと苦しい思いをしている人たちがいる。うえて死んでしまう子どももいる。その人たちを助けるのは、どんなときも正しいことのはずだ。」

梯久美子「国語 五 銀河」光村図書

① 戦後の日本はどんな様子でしたか。二つに分けて書きましょう。

（貧しく、着る物も食べる物も不足していた。）

（あちこちに空襲(しゅう)の焼けあとも残っている。）

② たかしの思う本当の正義とはどんなことですか。文中のその部分に線を引きましょう。

③ 食べ物を分けることはどんなことだとたかしは気づいたのですか。

（人を生かすことであり、命をおうえんすること（だ）。）

「〜こと。」と答えよう

④ ③に気づいたのは、どんな出来事からですか。

（おさない兄弟）が（おにぎり）を（分け合って食べている）のを見たこと。

⑤ その人たちとはどんな人たちですか。

［戦争をしている国］で、［苦しい思い］をしている人たち。

［うえて死んでしまう］子ども。

伝記 やなせたかし―アンパンマンの勇気 ③

名前　　　月　　日

次の文章を読んで後の問いに答えましょう。

たかしは五十四さいのとき、一さつの絵本を出版《しゅっぱん》した。タイトルは「あんぱんまん」。後に日本中の人気者になるアンパンマンの誕《たん》生《じょう》である。

アンパンマンは、それまでのヒーローとはちがっていた。顔がぬれただけで力をなくしてしまうし、かっこいい武器《ぶき》も持っていない。でも、こまった人や傷《きず》ついた人がいると、まっ先にかけつける。そして、自分の顔を食べさせることで元気をあたえるのだ。それは、たかしが戦争のつらい経験《けいけん》をもとに、正義《せいぎ》や命について考えぬいた末に生み出した主人公だった。

けれども、アンパンマンは最初、大人たちから評判《ひょうばん》が悪かった。「顔を食べさせるなんて、ざんこくだ。」というのだ。だが、たかしには、「正義を行い、人を助けようとしたら、自分も傷つくことをかくごしなければならない。」という信念があった。

「自分の食べ物をあげてしまったら、自分がうえるかもしれない。いじめられている人をかばったら、自分がいじめられるかもしれない。それでも、どうしてもだれかを助けたいと思うとき、本当の勇気がわいてくるんだ。」

たかしは、人気が出なくてもアンパンマンをかき続けた。

梯 久美子『国語 五 銀河』光村図書

① たかしが五十四さいのときに出版した絵本のタイトルは何ですか。
（あんぱんまん）

② アンパンマンはどんなヒーローでどのような行動をしますか。文中のその部分に線を引きましょう。

③ アンパンマンの行動は、たかしのどんな経験がもとになっていますか。
（戦争のつらい経験）

④ 最初、大人たちからのアンパンマンの評判が悪かったのはなぜですか。
「（顔を食べさせるなんて、ざんこくだ。）」と、大人たちは思ったから。

⑤ たかしの信念はどんなことですか。
（正義を行い、人を助けようとしたら、自分も傷(きず)つくことをかくごしなければならないということ。）

「〜こと。」と答えよう

⑥ 本当の勇気とはどんなときにわいてくるのですか。
（どうしてもだれかを助けたいと思うとき。）

伝記 手塚治虫 ①

名前　　　月　　日

次の文章を読んで後の問いに答えましょう。

四年生になって、治《おさむ》のかいた「ピンピン生《せい》チャン」というまんがが、教室で大評判《ひょうばん》になった。そのころ、日本は戦争中で、本屋にもまんが本は売っていなかった。それでみんなは、治がノートにかいたまんがを回覧《かいらん》して楽しんでいたのである。

ある日、治のまんがを読んでいた女の子が先生に見つかり、ノートを取り上げられた。

「きっと大目玉をくらうぞ。二度とまんがをかいたらいけないと言われるんだろうな。」

治は覚《かく》ごを決めた。

□、乾《いぬい》先生はおこるどころか、よくできているとほめてくれたのだ。

「このまんがの続きをかいたら、わたしにも読ませてほしいな。」

先生の言葉に、治はほっとした。そして先生は続けて、こう言った。

「手塚《てづか》は大人になったら、まんが家になれるかもしれないよ。」

治は、最初びっくりし、次には飛び上がりたいほど、うれしい気持ちになった。先生は、治のまんがをみとめてくれ、大きな自信と勇気をあたえてくれた。

国松 俊英『新しい国語 五』東京書籍

① 四年生になって治のかいたまんがの題名は何でしょう。
（ピンピン生チャン）

② みんなは治のかいたまんがをどのように楽しんでいましたか。
（回覧(らん)して）楽しんでいた。

③ 治が覚ごしたことを、二つ書きましょう。
（大目玉をくらうこと。）
（二度とまんがをかいたらいけないと言われること。）

④ □に入る言葉を選んで○をつけましょう。
（　）だから
（　）さらに
（○）ところが

⑤ 治がほっとしたのはなぜですか。正しい文を選んで○をつけましょう。
（○）先生にしかられず、しかもほめられたから。
（　）自分のかいたまんがが大評判になったから。
（　）二度とまんがをかいたらいけないと言われたから。

⑥ 治に大きな自信と勇気をあたえてくれた言葉は何ですか。
「（手塚(づか)は大人になったら、まんが家になれるかもしれないよ。）」

伝記 手塚治虫 ②

名前　　　月　　日

次の文章を読んで後の問いに答えましょう。

ペンネームは、好きな虫であるオサムシからつけた「治虫《おさむ》」を使った。新人まんが家、手《て》塚《づか》治虫の誕生《たんじょう》である。

しばらくして手塚治虫は、ベテランのまんが家、酒井七馬《さかいしちま》と二人でまんが本を作った。一九四七年（昭和二十二年）一月に刊行《かんこう》したまんが「新宝島《しんたからじま》」は、大ヒット作となった。この本がヒットしたのは、治虫が全く新しい手法でまんがをかいたからである。

それまでのまんがは、演劇《えんげき》の舞《ぶ》台《たい》のように固定された画面でかかれていた。同じ画面に、同じ大きさの人物が出てきて、せりふをしゃべるだけである。けれど治虫は、まんがにもっと動きをあたえ変化をつけようと、映《えい》画《が》の手法であるクローズアップやロングショットを使った。

大切な場面になると、何コマも使って同じ人物をかいていき、顔の表情《ひょうじょう》や動きをいきいきとえがき出した。画面を上からや下からなど、いろんな角度から見てかく手法もとった。

どれも、それまでなかったまんがのかき方だ。スピード感が出て、はく力《りょく》があり、人物の心の動きまでが読む人に伝わってくる。治虫は小学生のころから、たくさんの映画を見てきた。そのことが役立った。

国松 俊英『新しい国語 五』東京書籍

① 「新宝島」が大ヒットしたのはなぜですか。
（治虫が全く新しい手法でまんがをかいたから。）

「〜から。」と理由を答えているね

② それまでのまんがはどんな画面でかかれていたのですか。
（演劇(げき)(ぶ)舞台のように固定された画面）

③ 映画の手法とはどんな手法ですか。
（クローズアップやロングショット）

④ 治虫のまんがのかき方にはどんなよさがありますか。三つに分けて書きましょう。
（スピード感）が出る。
（はく力）がある。
（人物の心の動き）が伝わってくる。

⑤ 治虫のまんがのかき方に役立ったことは何ですか。
（小学生のころからたくさんの映(えい)画を見てきたこと。）

よく考えて！
君ならとけるよ

伝記 手塚治虫 ③

名前　　　月　　日

次の文章を読んで後の問いに答えましょう。

一九五〇年（昭和二十五年）十一月には、雑誌《ざっし》で「ジャングル大帝《たいてい》」の連載《れんさい》を始めた。アフリカ中央部のジャングルの王者、白いライオンの物語である。二年後に生み出したのは、空想科学まんが「鉄腕《てつわん》アトム」だった。アトムは、七つの超能力《ちょうのうりょく》を持つロボットだが、人間と同じような温かい心を持っていた。一九五三年（昭和二十八年）には、少女雑誌で「リボンの騎士《きし》」の連載を始めた。少女サファイヤが剣《けん》を取って、悪い人間と戦う物語だ。どれも長編《ちょうへん》で、しっかりしたストーリーのもとに作られていた。

こうして売れっ子のまんが家になっていった治虫《おさむ》だが、さらにもう一つの夢《ゆめ》を大切に育てていた。アニメーションを作ることである。そのため、ディズニーの映画《えいが》が来ると、必ず映画館に足を運んだ。長編アニメ「バンビ」が公開されたときは、初日の一回目に行き、夜まで七回の上映を全部見た。毎日映画館に行って、「バンビ」を計八十回も見て、作り方を研究した。

一九六一年（昭和三十六年）、治虫は東京の練馬《ねりま》区に、アニメーションのスタジオを作った。最初は実験アニメーションから始め、翌年《よくねん》には日本初のテレビアニメーション「鉄腕アトム」の製作《せいさく》を始めた。長い間の夢をとうとう実現《じつげん》させたのである。

国松 俊英『新しい国語 五』東京書籍

① 治虫のかいた作品と合う内容《ないよう》を□から選んで記号で書きましょう。

ジャングル大帝（イ）
鉄腕アトム（ウ）
リボンの騎士（ア）

ア 少女サファイアが悪い人間と戦う物語
イ アフリカの白いライオンの物語
ウ 七つの超能力を持つロボットの物語

② 治虫のもう一つの夢は何でしょう。
（アニメーションを作ること。）

③ ②のためにしたことは何でしょう。
（ディズニーの映画が来ると、必ず映(えい)画館に足を運んだこと。）

④ 「バンビ」が公開されたときは、合計で何回作品を見ましたか。
（八十回）

⑤ 治虫の実現させた夢とは何を始めたことですか。
（テレビアニメーション「鉄腕(わん)アトム」の製作（を始めたこと）。）

「火の鳥」や
「ブラック・ジャック」も
有名だよ

説明文

言葉と事実 ①

名前　　月　日

次の文章を読んで後の問いに答えましょう。

次のリレーのたいこう戦を例にして考えてみましょう。五年の一組と二組が学級たいこうのリレーをしました。それぞれ五人のリレー選手を出しました。リレーのとちゅうでは、二組のほうが速く、四人が走り終わった時には二組が勝っていました。けれども、最終ランナーのところで、一組が二組をぬいて、勝ったのです。

このリレーのことを、一組の夏目《なつめ》さんは、「大勝利」という見出しで学級新聞に書こうと思いました。二組は強敵《きょうてき》で、勝つことがむずかしいと思っていたため、最終ランナーでの逆転《ぎゃくてん》勝ちは「大勝利」だと思ったからです。同じ一組の春村《はるむら》さんは、最後のランナーが二組のランナーをあざやかにぬいたことが心に残ったので、「快勝《かいしょう》」という見出しがぴったりではないかと思いました。

一方、二組の秋田《あきた》さんは、「おしくも敗れる」と、学級新聞の見出しをつけました。ほとんど勝っていたリレーだったのに、本当におしいところで負けたという感想をもっていたからです。

一組は二組に大勝利をおさめた。

一組は二組に快勝した。

二組は一組におしくも敗れた。

□、事実は同じでも、表現《ひょうげん》する人の立場や感じ方によって、言葉がちがっています。

福沢 周亮「ひろがる言葉 小学国語 五上」教育出版

① 新聞や雑《ざっ》しなどの記事のタイトルと同じ意味の言葉を文中からさがしましょう。

（見出し）

② 学級たいこうリレーは何組が勝ちましたか。

（一組）

③ 夏目さんが「大勝利」だと思ったのはなぜですか。

（二組は強敵《（てき）》で、勝つことがむずかしいと思っていたため、最終ランナーでの逆《（ぎゃく）》転勝ちをしたから。）

④ 春村さんが「快勝」だと思ったのはなぜですか。

（最後のランナーが二組のランナーをあざやかにぬいたことが心に残ったから。）

「〜ため」「〜ので」も、「〜から」と同じで、理由を答える言い方だよ

⑤ □に入る言葉を選んで○をつけましょう。

（○）このように
（　）なぜなら
（　）たとえば

⑥ 事実は同じなのに、言葉がちがっているのはなぜですか。

（表現する人の立場や感じ方がちがうから。）

説明文

言葉と事実 ②

名前　　月　日

次の文章を読んで後の問いに答えましょう。

言葉がちがうと、受け取る側の印象《いんしょう》もちがいます。「大勝利」ですと、価値《かち》ある勝利であるとか、非常《ひじょう》に強かったということが印象に残りますし、「快勝《かいしょう》」ですと、気持ちよく勝ったという印象があります。「おしくも敗れた」では、勝ちそうだったのに、もうちょっとのところで負けた、という感じがします。そのため、一組の新聞を読んだ場合と、二組の新聞を読んだ場合とでは、たいこう戦について、言葉から想像《そうぞう》する「事実」がちがってきます。

言葉のあたえる印象のちがいに注意を向けた、こんな話もあります。数十年前のアメリカのあるデパートでのことです。同じ男子用ハンカチを、売り場の両はしに分けて積んでおき、次のような札をつけておいたところ、①の札をつけておいたほうがよく売れたというのです。

①（　）

②（　）

八時間の間に、①では、二十六人が手に取って見て、十一人が買っていったのに対し、②では、六人が手に取って見て、二人が買っていきました。同じ商品のハンカチですが、売れゆきにちがいがあったのです。

福沢 周亮「ひろがる言葉 小学国語 五上」教育出版

① 言葉がちがうと何がちがうのですか。

（受け取る側の印象）

② 「大勝利」はどんな印象が残りますか。

（価値《（ち）》ある勝利であるとか、非常に強かったという印象。）

③ 「快勝」だとどんな印象がありますか。

（気持ちよく勝ったという印象。）

④ 「おしくも敗れた」ではどんな感じがしますか。

（勝ちそうだったのに、もうちょっとのところで負けたという感じ。）

⑤ 一組と二組の新聞を読んだ場合では何がちがってくるのですか。

（たいこう戦についての言葉から想像する事実）

⑥ 文中の① ②に入る札に書いてある言葉はアとイのどちらですか。

①（ア）　②（イ）

ア 織《お》りのやわらかい、交じりけのないアイルランドあさのハンカチーフ　特価《とっか》　三枚《さんまい》五十セント

イ 手ふき　三枚二十五セント

説明文

言葉と事実 ③

名前　　月　日

次の文章を読んで後の問いに答えましょう。

同じ（1）でも、（2）によってちがった「事実」の受け取り方をする、ということがよくわかるでしょう。それればかりか、人は、（3）だけを信用し、（4）に目を向けずに行動してしまうことがあるのです。

これまであげてきた例のようなことは、わたしたちの日常《にちじょう》生活の中でもよく起きています。事実と言葉が結びついていても、人がちがえばことなった言葉で表され、ことなった（5）をあたえることがあります。そこには、一人一人のものの見方のちがいが表れているのです。そして時には、「受け取る側にこんな（5）をあたえよう」と考えて、言葉が用いられることもあります。

このように考えると、わたしたちが話したり書いたりするときには、ある一つの事実を表すにも、それをどのようにとらえ、どのように表すかということに気を配る必要があります。一方、話を聞いたり、本を読んだりするときには、話し手や書き手が事実をどのような言葉で表しているか、その言葉によって、その人がどのようなものの見方をし、どのような目的で、何を伝えようとしているか、というところまで考えてみる必要があるのです。

福沢 周亮「ひろがる言葉 小学国語 五上」教育出版

① （1）（2）（3）（4）に「事実」ならA、「言葉」ならBと書きましょう。

1（A）　2（B）　3（B）　4（A）

② 同じ（1）でも、人によってことなる言葉で表されるのは、何が理由ですか。

（一人一人のものの見方のちがい）

③ （5）に入る言葉を選んで○をつけましょう。

（　）事実
（　）言葉
（○）印象《いんしょう》

④ それとは何を表していますか。

（ある一つの事実）

⑤ 話を聞いたり、本を読んだりするとき、話し手や書き手のどのようなことを考えてみる必要がありますか。

・どのような言葉で表しているか。

・どのようなものの見方をしているか。

・どのような目的で伝えようとしているか。

説明文

固有種が教えてくれること ①

名前　　月　日

次の文章を読んで後の問いに答えましょう。

ウサギといえば、耳が長くてぴょんぴょんはねる、鳴かない動物――そう考える人が多いのではないでしょうか。□、アマミノクロウサギという種はちがいます。耳は約五センチメートルと短く、ジャンプ力は弱く、そのうえ「ピシー」という高い声で鳴くのです。このウサギは、日本だけに生息しています。このような、特定の国やちいきにしかいない動植物のことを「固有種」といいます。

固有種には、古い時代から生き続けている種が多くいます。アマミノクロウサギも、およそ三百万年以上前からほぼそのままのすがたで生きてきたとされる、めずらしいウサギです。このウサギと比《くら》べることで、「耳が長い」「ぴょんぴょんはねる」「鳴かない」というふつうのウサギの特徴《とくちょう》が、長い進化の過《か》程《てい》で手に入れられたものなのだということが分かります。固有種と他の種とを比べることは、生物の進化の研究にとても役立つのです。日本には、固有種がたくさん生息するゆたかな環境《かんきょう》があります。わたしは、この固有種たちがすむ日本の環境を、できるだけ残していきたいと考えています。

今泉 忠明「国語 五 銀河」光村図書

① ウサギとは、ふつうどんな動物ですか。特徴を三つに分けて書きましょう。

（耳が長い。）

（ぴょんぴょんはねる。）

（鳴かない。）

それぞれ１つの文にして答えよう

② □に入る言葉を選んで○をつけましょう。

（○）しかし
（　）そして
（　）さらに

③ アマミノクロウサギの特徴を三つに分けて書きましょう。

（耳は約五センチメートルと短い。）

（ジャンプ力は弱い。）

（「ピシー」という高い声で鳴く。）

④ 固有種とは何ですか。

（特定の国やちいきにしかいない動植物（のこと）。）

⑤ アマミノクロウサギはいつからほぼそのままのすがたで生きてきましたか。

（およそ三百万年以上前）

⑥ 固有種と他の種と比べることは何に役立つのですか。

（生物の進化の研究）

説明文 固有種が教えてくれること ②

名前　　月　日

次の文章を読んで後の問いに答えましょう。

では、現状《げんじょう》はどうでしょうか。明治時代以降《いこう》、人間の活動が活発になり、森林のばっさいや外来種の侵入《しんにゅう》が進みました。それによって、動物たちのすむ場所が消失するという問題が起こり、すでに絶滅《ぜつめつ》したほ乳類《にゅうるい》もいます。最もよく知られているのは、本州・四国・九州に生息し、一九〇五年に記録されたものを最後に消息を絶ったニホンオオカミでしょう。二〇一二年には、ニホンカワウソの絶滅が宣言《せんげん》されました。ニホンリスも数が減少《げんしょう》しており、すでに九州では絶滅したのではないかともいわれています。自然の作用ではなく、人間の活動によって、固有種が減ってきているのです。

この問題が分かってから、固有種などを天然記念物に指定したり、絶滅のおそれのある動植物を「絶滅危惧種」などとランク分けしたりして、積極的な保護《ほご》が行われてきました。例えばニホンカモシカは、らんかくによって一時は絶滅したのではないかとされ、「まぼろしの動物」とよばれるほどに減少しました。しかし、一九五五年に特別天然記念物として保護されるようになると再《ふたた》び増加《ぞうか》し、現在《げんざい》は全国に十万頭以上にまで増《ふ》えました。保護したことがよい結果を生んだのです。

今泉 忠明『国語 五 銀河』光村図書

① 明治時代以降、人間の活動が活発になると何が進みましたか。
（森林のばっさいや外来種の侵《しん》入）

② すでに絶滅したほ乳類で最もよく知られているのはどんな動物ですか。
（ニホンオオカミ）

③ 二〇一二年に絶滅を宣言されたのはどんな動物ですか。
（ニホンカワウソ）

④ 九州では絶滅したのではないかといわれているのはどんな動物ですか。
（ニホンリス）

⑤ 固有種が減ってきている原因《げんいん》は何ですか。
（人間の活動）

⑥ 積極的な保護とはどんなことですか。文中のその部分に線を引きましょう。

⑦ なぜニホンカモシカは「まぼろしの動物」とよばれているのですか。
（らんかくによって一時は絶滅《めつ》したのではないかとされるほどに減少したから。）

「なぜ」と聞かれて「～から。」と理由を答えているね

説明文 固有種が教えてくれること ③

名前　　月　日

次の文章を読んで後の問いに答えましょう。

しかし、いいことばかりは続きませんでした。ニホンカモシカは、生息場所である天然林が減少《げんしょう》するのにともなって、植林地に現《あらわ》れ、幼木《ようぼく》の芽を食べるようになりました。それがきらわれ、特別天然記念物にもかかわらず、ちいきによっては害獣《がいじゅう》としてくじょされるようになったのです。固有種の保護《ほご》は、その生息環境《かんきょう》の保護とのバランスが重要なのです。

今、絶滅《ぜつめつ》が心配されている固有種が数多くいます。絶滅してしまうと、その動物には二度と会うことができなくなります。数万から数百万年もの間生き続けてきた固有種は、生物の進化や日本列島の成り立ちの生き証人《しょうにん》としてきちょうな存在《そんざい》です。また、日本列島のゆたかで多様な自然環境が守られていることのあかしでもあります。その固有種は、この日本でしか生きていくことができません。ですから、わたしたちは、固有種がすむ日本の環境をできる限り残していかなければなりません。それが、日本にくらすわたしたちの責任《せきにん》なのではないでしょうか。

今泉 忠明『国語 五 銀河』光村図書

① ニホンカモシカは生育場所の天然林からどこに現れるようになりましたか。
（植林地）

② ①で何をするようになりましたか。
（幼《よう》木の芽を食べるようになった。）

③ くじょとはどんな意味ですか。正しい意味を選んで○をつけましょう。
（○）追いはらうこと
（　）みとめること
（　）助けること

④ 固有種は、生物の進化や日本列島の成り立ちの生き証人とはどういうことですか。正しい文を選んで○をつけましょう。
（　）固有種が生物の進化や日本列島の成り立ちを支《ささ》えてきたから。
（○）固有種は生物の進化や日本列島の成り立ちを見るように長く生き続けてきたから。
（　）固有種は生物の進化や日本列島の成り立ちのえいきょうを受けずに生きてきたから。

⑤ わたしたちの責任とはどんなことですか。
（固有種がすむ日本の環《かん》境をできる限り残していかなければならないこと。）

「～なった。」「～した。」と答えよう

説明文 「弱いロボット」だからできること ①

名前　　月　日

次の文章を読んで後の問いに答えましょう。

現在《げんざい》、わたしたちを取り囲《かこ》むテクノロジーは、目まぐるしい進歩を続けています。インターネットから必要な情報《じょうほう》をいつでも得《え》られるスマートフォンやパソコンは、もはやわたしたちの生活の一部となりました。かつては夢《ゆめ》の技術《ぎじゅつ》であった自動車の自動運転機能《きのう》も実用化が進んでいます。ロボットについても、かいごや家庭など、人と関わる際《さい》に使われるものが登場し、高性能化《こうせいのうか》が進んでいます。

テクノロジーが進歩し、次々に新しい製品《せいひん》が開発される背景《はいけい》には、「便利で高い性能を持つものほどよいものだ」という考えがあります。しかし、そうした「何かをしてくれる」製品が世の中にあふれることにより、わたしたちは、自分が「□」存在《そんざい》であることをあたりまえのように感じるようになります。そうすると、わたしたちはますます多くの機能や便利さを求めるようになり、してくれないことにがまんができなくなったり、してもらって当然だという気持ちになったりすることが増《ふ》えてしまいます。

岡田 美智男「新しい国語 五」東京書籍

① テクノロジーとはどんな意味ですか。正しい意味に○をつけましょう。
（○）科学技術のこと
（　）地球かん境《きょう》のこと
（　）ロボット製品のこと

② 今、実用化が進んでいる夢の技術だったものとは何ですか。
（自動車の自動運転機能）

③ 高性能化が進んでいるものは何ですか。
（ロボット）

④ 次々に新しい製品が開発される背景にはどんな考えがありますか。
（便利で高い性能を持つものほどよいものだという考え。）
（「便利で～ものだ」という考え。）

⑤ □に入る言葉に○をつけましょう。
（　）何かをしてあげる
（　）何かをしてくれる
（○）何かをしてもらう

⑥ あたりまえと同じ意味の言葉を文の中から選びましょう。
（当然）

説明文 「弱いロボット」だからできること ②

名前　　月　日

次の文章を読んで後の問いに答えましょう。

具体的に、「ごみ箱ロボット」の例を見てみましょう。「ごみ箱ロボット」は、その名前の通り、ごみ箱の形をしたロボットです。見た目はほとんどごみ箱であり、そこに車輪が付いて動けるようになっているものです。このロボットには、ごみを拾うための機能《きのう》がありません。底に付いた車輪を使って、よたよたと歩きながらごみを見つけます。この歩く動きは、まるで□生き物のように見えます。このごみ箱ロボットの様子を見た人は、思わず、手にしたごみを投げ入れたり、落ちているごみを拾って投げ入れたりします。すると、このロボットは、センサーによってごみが投げ入れられたことを感知し、ほんの小さくおじぎをします。ごみを投げ入れた人は、これを見て、なんとなくうれしい気持ちになるでしょう。こうやって周りの人の協力を得《え》ながら、このロボットはその場をきれいにすることができるのです。

このように、「弱いロボット」には、周りの人の協力を引き出したり、行動をさそったりする力があります。また、ロボットと人の関わりにおいても、たがいの思いが伝わる気がしたり、手伝うことの喜《よろこ》びを感じたりすることができます。

岡田 美智男「新しい国語 五」東京書籍

① ごみ箱ロボットはどんな形をしていますか。
（ごみ箱の形）

② ごみ箱ロボットはどのように歩きますか。
（車輪を使って）よたよたと歩く。

③ □に入る言葉に○をつけましょう。
（　）強そうな
（　）すばやい
（○）たよりない

④ 人がごみを入れるとロボットはどうしますか。
（ほんの小さくおじぎをする。）

⑤ ごみ箱ロボットが得る、周りの人の協力とはどんなことですか。
（手にしたごみを投げ入れたり、落ちているごみを拾って投げ入れたりすること。）

⑥ 弱いロボットにはどんな力がありますか。
（周りの人の協力を引き出したり、行動をさそったりする力。）

⑦ 正しい文に○をつけましょう。
（　）ごみ箱ロボットはごみを拾うロボットである。
（○）ごみ箱ロボットの様子を見た人にごみを投げ入れさせるロボットである。
（　）弱いロボットはこわれやすいロボットである。

「よたよたと歩き」から、どんな様子がイメージできるかな？

説明文「弱いロボット」だからできること③

名前　　月　日

● 次の文章を読んで後の問いに答えましょう。

この「弱いロボット」が持つ「弱さ」は、人間の赤ちゃんに似《に》ているのではないでしょうか。生まれて半年ほどの赤ちゃんは、歩くこともできませんし、言葉を話すこともできません。一人で何もできないという意味では、「弱い」存在《そんざい》だと言えるでしょう。しかし赤ちゃんは、何もできないのに、周りの大人たちの関心と手助けを引き出します。赤ちゃんがぐずりだすと、大人たちは、「おなかがすいたのだろうか」「遊んでほしいのかな」などと考え、ミルクを用意したり、おもちゃで遊んだりします。「弱い」存在でありながら、周囲《しゅうい》の人々の協力を引き出すことで、食事をとり、ほしいものを手にすることができるのです。

赤ちゃんは、その「弱さ」ゆえに、人々との関わりを作りだす力を持っています。さらに、赤ちゃんを共に世話する集団《しゅうだん》として、周囲の人どうしの協力関係も作りだしているのです。ごみ箱ロボットが、自分では十分な機能《きのう》を持たずにその場所をきれいにすることができるのは、こうした関わり合いを、ロボットと人間の間に、あるいは、その場にいる人間どうしの間に作ることができるからなのです。それは、「何かをしてもらう」人間と「何かをしてくれる」ロボットのような関係ではなく、たがいに支《ささ》え合う心地《ここち》よい関係だと言えるでしょう。

岡田 美智男「新しい国語 五」東京書籍

① 弱いロボットが持つ弱さは何に似ていますか。

（人間の赤ちゃん）

② 赤ちゃんは弱い存在だと言えるのはどうしてですか。

（一人で何もできないから。）

③ 赤ちゃんは何もできないのに、周りの大人たちから何を引き出しますか。

（関心と手助け）

④ 赤ちゃんの弱さが持っている力はどんな力ですか。

（人々との関わりを作りだす力）

⑤ ごみ箱ロボットがその場所をきれいにできるための関わりは何と何の間に作られますか。二つ書きましょう。

（ロボットと人間の間）
（その場にいる人間どうしの間）

⑥ 「弱いロボット」と人間の関係とはどんな関係ですか。

（たがいに支え合う心地よい関係）

「なぜ」と同じで理由を聞かれているので
「〜から。」と答えているよ

説明文 言葉の意味が分かること①

名前　　月　日

● 次の文章を読んで後の問いに答えましょう。

あなたが、小さな子どもに「コップ」の意味を教えるとしたらどうしますか。言葉でくわしく説明しても、子どもはその説明に出てくる言葉を知らないかもしれません。「実物を見せればいい。」と思う人もいるでしょう。□、コップには、色や形、大きさなど、さまざまなものがあります。持ち手のついた小さい赤いコップと、持ち手のない大きなガラスのコップ、どちらをコップとして見せればよいでしょうか。また、コップのような形をしていても、花《か》びんとして作られたものがあるかもしれません。スープを入れる皿にも、コップに似《に》たものがありそうです。そう考えると、使い方も理解《りかい》してもらわなければなりません。

ここから分かるように、「コップ」という一つの言葉が指すものの中にも、色や形、大きさ、使い方など、さまざまな特徴《とくちょう》をもったものがふくまれます。つまり「コップ」の意味には広がりがあるのです。また、その広がりは、「皿」「わん」「湯のみ」「グラス」「カップ」といった他の食器や、「花びん」のような他の似たものを指す言葉との関係で決まってくるのです。

今井 むつみ「国語 五 銀河」光村図書

① □に入る言葉を選んで○をつけましょう。

（○）しかし
（　）だから
（　）つまり

② コップにはさまざまなものがありますが、見た目はそれぞれどこがちがっていますか。三つ書きましょう。

（色）（形）（大きさ）

③ どちらとは、何と何をさしていますか。

（持ち手のついた小さい赤いコップ）
（持ち手のない大きなガラスのコップ）

④ コップのような形をしていてもコップではないものを文中から二つ書きましょう。

（花びん）として作られたもの。
スープを入れる（皿）。

⑤ 「コップ」の意味の広がりは、他の食器や似たものを指す言葉との関係で決まってきます。その例として挙げられているものを文中から六つさがして線を引きましょう。

⑥ 正しい文に○をつけましょう。

（　）コップの意味を教えるのには実物を見せればいい。
（　）コップの意味を言葉でくわしく教えると小さな子どもは理解できる。
（○）コップの意味を教えるには使い方も理解してもらわなければならない。

説明文 言葉の意味が分かること②

名前　　月　日

● 次の文章を読んで後の問いに答えましょう。

つまり、この言いまちがいの原因《げんいん》は、自分が覚えた言葉を、別の場面で使おうとしてうまくいかなかったことといえます。言葉の意味のはんいを広げて使いすぎたのです。

同じことは、母語ではない言語を学ぶときにも起こります。

「朝食にスープを食べました。」

これは、アメリカ人の留学生《りゅうがくせい》が言った言葉です。日本語では、スープは「飲む」と表《ひょう》現《げん》することが多いため、日本語を母語とする人が聞くと、やや不自然に聞こえます。子どもとはちがい、この留学生は、「飲む」という言葉を知らなかったわけではありません。それでは、どうしてこのような表現をしたのでしょうか。

それは、英語と同じ感覚で「食べる」という言葉を使ったことが原因です。英語では、ものを食べる動作を「eat《イート》」という言葉で表しますが、これをスープに対しても使うため、「スープを食べる」という表現をしたのでしょう。日本語の「食べる」と、英語の「eat」は似《に》た意味の言葉ですが、意味のはんいがちがうのです。「食べる」と「eat」以外の言葉にも、こういったちがいはあります。

今井 むつみ「国語 五 銀河」光村図書

① 「朝食にスープを食べました。」と言ったのはだれですか。

（アメリカ人の留学生）

② 日本語ではスープを「食べる」ことを何と表現しますか。

スープを（飲む）

③ ①のような表現をした原因は何ですか。

（英語と同じ感覚で「食べる」という言葉を使ったこと。）

④ ものを食べる動作のことを英語では何という言葉で表現しますか。

（eat）

⑤ 日本語の「食べる」と英語の「eat《イート》」は似ていますが何がちがうのですか。

（意味のはんい）

⑥ 正しい文に○をつけましょう。

（　）アメリカの留学生は「飲む」という言葉を知らなかった。
（○）「スープを食べる」という表現は日本語ではやや不自然に聞こえる。
（　）「食べる」と「eat」はまったく同じ言葉である。

説明文 言葉の意味が分かること③

名前　　月　日

● 次の文章を読んで後の問いに答えましょう。

わたしたちが新しく言葉を覚えるときには、物や様子、動作と言葉とを、一対一で結び付けてしまいがちです。これは、言葉の意味を「点」として考えているといえます。しかし、言葉の意味には広がりがあり、言葉を適切《てきせつ》に使うためには、そのはんいを理解《りかい》する必要があります。つまり、母語でも外国語でも、言葉を学んでいくときには、言葉の意味を「面」として理解することが大切になるのです。

さらに、言葉の意味を「面」として考えることは、ふだん使っている言葉や、ものの見方を見直すことにもつながります。あなたは、これまでに、「かむ」と「ふむ」が似《に》た意味の言葉だと思ったことはありましたか。どうしてスープは「食べる」ではなく、「飲む」というのか、考えたことがありましたか。これらの例は、知らず知らずのうちに使い分けている言葉を見直すきっかけとなります。そして、わたしたちが自然だと思っているものの見方が、決して当たり前ではないことにも気づかせてくれます。みなさんは、これからも、さまざまな場面で言葉を学んでいきます。また、外国語の学習にもちょうせんするでしょう。そんなとき、「言葉の意味は面である」ということについて、考えてみてほしいのです。

今井 むつみ「国語 五 銀河」光村図書

① 次の文は、言葉の意味を「点」と「面」のどちらで理解していますか。（　）に点か面のどちらかを書きましょう。

ア 物や様子、動作と言葉を一対一で結びつける。（点）

イ 言葉の意味の広がりとはんいを理解する。（面）

② 言葉の意味を「面」として考えることはどんなことにつながりますか。

（ふだん使っている言葉や、ものの見方を見直すこと。）

③ これらの例とは、どんなことですか。

（「かむ」と「ふむ」が似た意味の言葉だと思ったこと。）
（どうしてスープは「食べる」ではなく、「飲む」というのか、考えたこと。）

④ 決して当たり前でないこととは何ですか。

（わたしたちが自然だと思っているものの見方）

⑤ 正しい文に○をつけましょう。

（　）言葉の意味を点で理解しなければならない。
（○）言葉の意味を面として理解することが大切である。
（　）日本語より外国語のほうが言葉の意味が広い。

説明文 和の文化を受けつぐ ―和菓子をさぐる ①

名前　　月　　日

次の文章を読んで後の問いに答えましょう。

かつて、「菓子《かし》」という言葉は木の実や果物のことを意味していました。あまい物が少なかったため、今のわたしたちが菓子を食べるように、木の実や果物を食べていたのでしょう。その一方で、もちやだんごのようなものは、保存《ほぞん》のためや野山に持っていくために作られていたと考えられています。こうした日本古来の食べ物に、外国から来た食べ物がえいきょうをあたえることで、和菓子《わがし》の歴史《れきし》に変化が生まれます。

えいきょうをあたえたものの一つ目は、飛鳥《あすか》から平安《へいあん》時代に、中国に送られた使者が伝えた唐菓子《とうがし》です。唐菓子の多くは、米や麦の粉《こな》のきじをさまざまな形に作り、油であげたものでした。二つ目は、鎌倉《かまくら》から室町《むろまち》時代に、中国に勉強に行った僧《そう》が伝えた点心《てんしん》です。点心とは、食事の間にとる軽い食べ物のことですが、この中に、まんじゅうやようかんなどの原形となるものがありました。三つ目は、戦国時代から安土桃山《あづちももやま》時代を中心に伝わった南蛮菓子《なんばんがし》です。ポルトガルやスペインから、カステラやコンペイトー、ボーロなどの菓子が伝わりました。これらの食べ物の製《せい》法《ほう》などが、日本の菓子に応用《おうよう》されていったのです。

中山 圭子『新しい国語 五』東京書籍

① かつて「菓子」という言葉は何のことを意味していましたか。

（木の実や果物）

② もちやだんごのようなものは何のために作られていましたか。

（保存(ぞん)のためや野山に持っていくため。）

③ 日本古来の食べ物にえいきょうをあたえたものは何ですか。

（外国から来た食べ物）

④ 唐菓子は何時代にだれが伝えたものですか。

時代（飛鳥から平安時代）

だれ（中国に送られた使者）

⑤ 点心とは何ですか。

（食事の間にとる軽い食べ物）

⑥ カステラやコンペイトー、ボーロなどの菓子を何といいますか。

（南蛮(ばん)菓子）

がんばったら
おやつを食べよう！

説明文 和の文化を受けつぐ ―和菓子をさぐる ②

名前　　月　　日

次の文章を読んで後の問いに答えましょう。

和菓子《わがし》は年中《ねんちゅう》行事と結び付き、人々の生活の中に根付いていきました。年中行事には、季節の変わり目や、何かの節目に関わるものが多くあり、そこで食べる和菓子には、子どもの成長や家族の健康など、人々の願いや思いがこめられているものがあります。

例えば、三月三日のももの節句《せっく》には、ひしもちや草もちなどを食べ、五月五日のたんごの節句には、かしわもちやちまきなどを食べます。ひしもちや草もちには、わざわいをよせ付けないようにという願いがこめられているといわれ、かしわもちには、子孫はん栄《えい》の願いがこめられているといわれています。

また、和菓子は茶道《さどう》とも深い関わりを持っています。茶道では、四季の移《うつ》り変わりや季節の味わいを大切にしています。そのため、茶会で使われる和菓子にも同様に、季節をたくみに表現《ひょうげん》したものが求められてきました。

中山 圭子『新しい国語 五』東京書籍

① 和菓子は何と結び付き、どこに根付いていきましたか。

（年中行事）と結び付き、

（人々の生活の中）に根付いています。

② 人々の願いや思いとは何ですか。

（子どもの成長や家族の健康）

③ 三月三日のももの節句には、何を食べますか。

（ひしもちや草もち）

④ 五月五日のたんごの節句には、何を食べますか。

（かしわもちやちまき）

⑤ ひしもちや草もちにはどんな願いがこめられているといわれていますか。

（わざわいをよせ付けないようにという願い）

⑥ かしわもちにはどんな願いがこめられていますか。

（子孫はん栄の願い）

⑦ なぜ茶会で使われる和菓子には、季節をたくみに表現したものが求められるのですか。

（茶道では、四季の移り変わりや季節の味わいを大切にしているから。）

「なぜ」と聞かれて「〜から。」と理由を答えているね

説明文 和の文化を受けつぐ ―和菓子をさぐる ③

名前　　月　　日

次の文章を読んで後の問いに答えましょう。

また、和菓子《わがし》作りには、梅やきくの花びらなどの形を作るときに使う「三角べら」や「和ばさみ」、らくがんを作るときに使う「木型《きがた》」など、さまざまな道具が必要です。さらに、あずきや寒天、くず粉《こ》などの上質《じょうしつ》な材料も和菓子作りには欠かせませんが、それらの多くは、昔ながらの手作業によって作られています。和菓子作りに関わる道具や材料を作る人たちも、和菓子の文化を支《ささ》えているのです。

一方、和菓子を作る職人《しょくにん》がいても、それを食べる人がいなければ、和菓子はいずれなくなってしまうのではないでしょうか。

□、わたしたちが季節の和菓子を味わったり、年中《ねんちゅう》行事に合わせて作ったりすることも、和菓子の文化を支えることだといえるでしょう。和菓子は、和菓子作りに関わる職人だけではなく、それを味わい楽しむ多くの人に支えられることで、現在《げんざい》に受けつがれているのです。

中山 圭子『新しい国語 五』東京書籍

① 和菓子作りに使う道具を三つあげましょう。

（三角べら）（和ばさみ）（木型）

② 和菓子作りに欠かせない上質な材料を三つあげましょう。

（あずき）（寒天）（くず粉）

③ 和菓子がなくなってしまわないためには職人とだれが必要ですか。

（和菓子を食べる人）

④ □に入る言葉を選んで○をつけましょう。

（○）ですから

（　）ところが

（　）たとえば

⑤ 和菓子の文化を支えるためにわたしたちができることを二つあげましょう。

（季節の和菓子を(が)味わうこと。）

（(季節の和菓子を(が))年中行事に合わせて作ること。）

「〜こと。」と答えよう

⑥ 正しい文二つに○をつけましょう。

（○）和菓子の道具や材料作りは手作業が多い。

（○）和菓子を食べる人も和菓子を支えている。

（　）和菓子はいずれなくなってしまう。

説明文 想像力のスイッチを入れよう ①

名前　　月　　日

次の文章を読んで後の問いに答えましょう。

学校のマラソン大会で、あなたが十位に入ったとしよう。あなたの、前回のマラソン大会での結果は、五位だったとする。順位が下がったあなたは、こう言うだろう。

「前回より、五位も下がってしまいました。」

□、先生はこう言うかもしれない。

「でも、三十秒もタイムがちぢまっていますよ。」

このように、同じ出来事でも、何を大事と思うかによって、発信する内容《ないよう》がずいぶんちがってくる。

これは、学校や家庭での会話だけで起こることではない。わたしたちは、テレビやインターネット、新聞など、さまざまな手段《しゅだん》で世の中の情報《じょうほう》を得《え》ている。こうした手段のことを「メディア」というが、これらメディアから発信される情報もまた、事実の全ての面を伝えることはできない。それぞれのメディアは、大事だと思う側面を切り取って、情報を伝えているのである。

下村 健一『国語 五 銀河』光村図書

① □に当てはまる言葉を選んで○をつけましょう。

（　）だから

（　）もし

（○）しかし

② マラソン大会の結果で、あなたと先生はそれぞれ何を大事にしているのですか。

あなた…（順位）

先生……（タイム）

③ 文中での、わたしたちが世の中の情報を得ている手段とは何ですか。三つ書きましょう。

（テレビ）（インターネット）（新聞）

④ ③以外で、わたしたちが情報を得ている手段をあと一つ考えて書きましょう。

（〈例〉ラジオ、雑し）

⑤ 情報を得ている手段のことを何といいますか。

（メディア）

⑥ メディアからの情報も全ての面を伝えることができないのはなぜですか。

（それぞれのメディア）が、（大事）だと思う（側面を切り取っている）から。

説明文 想像力のスイッチを入れよう②

名前　　月　　日

次の文章を読んで後の問いに答えましょう。

そして、いったん立ち止まったら、次は、メディアが伝えた情報《じょうほう》について、冷静に見直してみよう。この報道の中で、

「Aさんは、報道陣《じん》をさけるためか、うら口からにげるように出ていきました。」

というレポートがあったとする。これを聞くと、あなたは、Aさんが何かをかくしているように思わないだろうか。（1）、うら口から出たのは、その方向に行く必要があったからかもしれない。こう想像《そうぞう》してみると、「報道陣をさけるためか」というのは、レポーターがいだいた印象《いんしょう》にすぎない可能性《かのうせい》がある。（2）、急がなければならない理由があったのかもしれないから、「にげるように」も印象だろう。（3）、想像力を働かせながら、一つ一つの言葉について、『事実かな、印象かな。』と考えてみることが大切である。このレポートから、印象が混《ま》じっている可能性のある表現《ひょうげん》を取りのぞくと、結局、確《たし》かな事実として残るのは、「Aさんは／うら口から／出ていきました」という言葉だけになる。ここには、Aさんが次の監督《かんとく》になると判断《はんだん》する材料は何もない。

下村 健一「国語 五 銀河」光村図書

① （1）（2）（3）に当てはまる言葉を［　］から選んで記号を書きましょう。

1（イ）　2（ウ）　3（ア）

［ア このように　イ しかし　ウ また］

② 次の言葉は「事実」ですか「印象」ですか。（　）に事実はア、印象はイと書きましょう。

Aさんは…………（ア）
報道陣をさけるためか…………（イ）
うら口から…………（ア）
にげるように…………（イ）
出ていきました…………（ア）

③ ここことは何をさしていますか。

（「Aさんは／うら口から／出ていきました」という言葉）

④ 「最後には」という意味の言葉を文中からさがしましょう。

（結局）

⑤ 「①元気そうな／②赤ちゃんは／③気持ちよさそうに／④夢《ゆめ》を見ながら／⑤ねている。」という文を事実と印象に分けて、番号を書きましょう。

事実（② ⑤）
印象（① ③ ④）
※順不同

説明文 想像力のスイッチを入れよう③

名前　　月　　日

次の文章を読んで後の問いに答えましょう。

結局、サッカーチームの次の監督《かんとく》には、別の人が選ばれた。Aさんは関係なかったのである。しかし、この期間、Aさんは多方面から注目され、Aさんに大きな仕事をたのもうとしていた会社が、「Aさんは監督になるから、いそがしくなるだろう。」と、他の人にその仕事のいらいを変更《へんこう》してしまうなどのことが起こった。

ここに例示《れいじ》した報道《ほうどう》は、架空《かくう》の話である。しかし、このように、思いこみや推測《すいそく》によってだれかを苦しめたり、だれかが不利益《ふりえき》を受けたりすることは、実際《じっさい》に起こりうるのだ。

メディアは、わざとわたしたちをだましたり、あやまった思いこみをあたえたりしようとしているわけではない。少しでも早く、分かりやすく、情報《じょうほう》を伝えようと工夫する中で、時に、思いこみにつながる表現《ひょうげん》になってしまうことがあるのだ。そんな思いこみを防《ふせ》ぐために、メディアの側も、情報を受け取るあなたの側も、それぞれに努力が必要なのである。

あなたの努力は、「想像《そうぞう》力のスイッチ」を入れることだ。あたえられた小さいまどから小さい景色をながめるのでなく、自分の想像力でかべを破《やぶ》り、大きな景色をながめて判断《はんだん》できる人間になってほしい。

下村 健一「国語 五 銀河」光村図書

① 架空とはどんな意味ですか。正しいものを選んで○をつけましょう。

（○）頭の中で想像してつくり出すこと。
（　）まちがって伝えられること。
（　）みんなが知っていること。

② 報道での思いこみや推測で起こりうることはどんなことですか。

（だれかを苦しめたり、だれかが不利益を受けたりすること。）

③ それぞれとは、何と何ですか。

（メディアの側）と
（情報を受け取るあなたの側）

④ あなたの努力は何をすることですか。

（「想像力のスイッチ」を入れること。）

⑤ 小さい景色とはどんなことですか。正しい文を選んで○をつけましょう。

（　）遠くから見た自然の風景。
（○）特定の部分に限定《げんてい》された情報。
（　）自分だけで考えようとすること。

⑥ 正しい文に○をつけましょう。

（　）メディアはわざとわたしたちをだますことがある。
（○）メディアもわたしたちも思いこみを防ぐ努力が必要である。
（　）メディアはいつも分かりやすく情報を伝えている。

「～こと。」と答えよう

説明文 動物たちが教えてくれる海の中のくらし①

名前　　月　　日

次の文章を読んで後の問いに答えましょう。

動物たちは海の中で何を見て、どんなことを考えて日々くらしているのだろうか。あたりまえのことだが、動物たちはすでに答えを知っている。どうしてもそれを知りたい研究者たちは、新しい手法を考案した。動物にデータロガーという小型《こがた》の記録計を取り付けて、わたしたちが観察できない海中の行動を、動物たちに直接《ちょくせつ》教えてもらうのだ。動物が自分の行動データを取ってくるこのやり方には、「バイオロギング」という名前が付いている。「バイオロギング」とは、「生物が（バイオ）記録する（ロギング）」という意味である。

このバイオロギングを使ってさまざまな動物たちのデータを取っていく中で、不思議なことに気がついた。それは、泳ぐ速さと体の大きさの関係だ。（1）、体重十二キログラムのキングペンギンは、えさがある深さと水面の間を往復《おうふく》するとき、時速七・六キロメートルで泳いでいた。（2）、体重三百三十キログラムのウェッデルアザラシは、時速五・四キロメートルで泳いでいた。人間の場合、体の大きい大人は小さい子どもより速く歩く。だから、体の大きなウェッデルアザラシのほうが当然速く泳いでいると思っていたのに、小さなキングペンギンのほうがやや速く泳いでいることになる。

佐藤 克文「新しい国語 五」東京書籍

① 文中の答えに対する問いの文をぬき書きしましょう。

（動物たちは海の中で何を見て、どんなことを考えて日々くらしているのだろうか。）

本文の言葉をそのまま書こう「、」や「。」も忘れずに！

② 動物に取り付ける小型の記録計を何と言いますか。

（データロガー）

③ バイオロギングとはどんなやり方ですか。

（動物が自分の行動データを取ってくるやり方。）

④ バイオロギングとはどんな意味ですか。

（「生物が記録する」という意味）

⑤ 不思議なこととは何ですか。

（泳ぐ速さと体の大きさの関係）

⑥ （1）（2）に入る言葉を選んで、記号を書きましょう。

1（イ）　2（ア）

［ア 一方　イ 例えば］

⑦ なぜキングペンギンよりウェッデルアザラシの方が速く泳ぐと思っていたのですか。

（人間の場合、体の大きい大人は小さい子どもより速く歩くから。）

「なぜ」と聞かれて「～から。」と理由を答えているね

説明文 動物たちが教えてくれる海の中のくらし②

名前　　月　　日

次の文章を読んで後の問いに答えましょう。

どうやら、体が大きいからといって、必ずしも速く泳ぐわけではなさそうだ。

このことを確《たし》かめるためには、もっと大型《おおがた》の動物のデータが必要になる。わたしは、マッコウクジラの研究者に協力してもらい、マッコウクジラの海中での動きについて、データを取ってきてもらった。人間をひと飲みにできそうなほど大きなマッコウクジラの場合、いったいどれほど深くもぐり、どのくらいの速さで泳いでいるのだろう。

マッコウクジラに取り付けた装置《そうち》には、クジラの動きがくわしく記録されていた。マッコウクジラは、千メートル以上の深さまでもぐっていた。そのときの泳ぐ速さは、時速五・八キロメートルだった。体重十トンをこえるマッコウクジラは、ペンギンやアザラシよりもはるかに大きいから、もっと速く泳ぐと思っていたが、ペンギンやアザラシと同じような速さで泳いでいた。

佐藤 克文「新しい国語 五」東京書籍

① このこととはどんなことですか。

（体が大きいからといって、必ずしも速く泳ぐわけではなさそうだということ。）

② マッコウクジラの研究者に協力してもらったのはどんなことですか。

（マッコウクジラの海中での動きについて、データを取ってきてもらったこと。）

③ マッコウクジラはどれくらいの深さまでもぐっていたのですか。

（千メートル以上（の深さ））

④ マッコウクジラの泳ぐ速さはどれぐらいですか。

（時速五・八キロメートル）

⑤ マッコウクジラがペンギンやアザラシよりももっと速く泳ぐと思っていたのはなぜですか。

（マッコウクジラは、ペンギンやアザラシよりもはるかに大きいから。）

⑥ 正しい文に○をつけましょう。

（　）体が大きい動物ほど速く泳ぐ。
（　）マッコウクジラは千メートル以上ももぐれない。
（○）マッコウクジラとペンギンやアザラシは同じような速さで泳ぐ。

説明文 動物たちが教えてくれる海の中のくらし③

名前　　　月　　日

次の文章を読んで後の問いに答えましょう。

クジラの中でも最大となる体重九十トンのシロナガスクジラから、体重五百グラムのウトウという海鳥まで、いろいろな動物の泳ぐ速さをくらべてみた。すると、これだけ体の大きさがことなるのに、泳ぐ速さは時速四・〇から八・〇キロメートルのせまい範囲《はんい》におさまっていることが分かった。これはいったいなぜなのか。

この結果から考えられるのは、次のようなことである。動物たちは毎日えさをとるために潜水《せんすい》をくり返している。かれらにとって大切なことは、できるだけ速く泳ぐことではなく、できるだけ楽に移動《いどう》することだ。もしも全速力で泳いでしまうと、わたしたちが走った後に息切れするのと同じように、せっかくえさ場にたどり着いたのにすぐに水面に引き返さなければならない。□ゆっくり泳ぐと、えさ場までたどり着くのに時間がかかりすぎるので、帰りに要する時間を考えると、えさのいる深さに長時間とどまることができなくなる。泳ぐことによるエネルギーの消費《しょうひ》を最小限《さいしょうげん》におさえるためには、速からずおそからず、いちばんよい速度があるはずだ。それが時速四・〇から八・〇キロメートルだったのだ。

佐藤 克文「新しい国語 五」東京書籍

① いろいろな動物の泳ぐ速さはどれくらいの範囲におさまっていますか。
（時速四・〇から八・〇キロメートル）

② えさをとるために潜水をくり返している動物たちにとって大切なことは何ですか。
（できるだけ楽に移動すること。）
（できるだけ楽な移動）

③ もしも全速力で泳いでしまうと、どうしなければなりませんか。
（せっかくえさ場にたどり着いたのにすぐに水面に引き返さなければならない。）

④ ゆっくり泳ぐと、何ができなくなりますか。
（えさのいる深さに長時間とどまること。）

⑤ □に入る言葉を選んで〇をつけましょう。
（　）さらに
（〇）逆《ぎゃく》に
（　）だから

⑥ 動物が速からずおそからず、いちばんよい速度で泳ぐのは何をおさえるためですか。
（泳ぐことによるエネルギーの消費）

説明文 東京スカイツリーのひみつ①

名前　　　月　　日

次の文章を読んで後の問いに答えましょう。

東京スカイツリーは、テレビ放送などの電波を関東一円に飛ばす電波とうで、高さが六三四メートルもあります。ワイヤーなどで横からひっぱられず、とう自体で地上から立ち上がっている「自立式電波とう」としては、世界一の高さをほこります。二〇一一年十一月には、世界一高いタワーとして『ギネス世界記録二〇一二』という本にものりました。

このような高い電波とうを建設《けんせつ》するにはわけがありました。

スカイツリー建設構想《こうそう》の始まりは、二〇〇三年にさかのぼります。それまで首都けんでは、東京タワーからテレビ放送の電波が飛ばされていました。しかし、高そうビルがたくさん建つようになり、電波がとどきにくい場所がふえてきました。そこで、電波を広い地《ち》域《いき》にとどけるために、東京タワーよりさらに高い六〇〇メートル以上の電波とうをつくる必要があったのです。

日本は地しんや台風の多い国です。このように高いタワーの建設にあたっては、巨大《きょだい》地しんや台風が起きても、タワーがくずれたりたおれたりしないことを目標にする必要がありました。しかし、この目標を達成し、東京スカイツリーを建設するには、いくつもの問題がありました。

瀬井 宏臣「みんなと学ぶ 小学校国語 五年上」学校図書

① 東京スカイツリーの高さは何メートルですか。
（六三四メートル）

② 自立式電波とうとはどんな電波とうなのですか。
（とう自体で地上から立ち上がっている電波とう。）

③ スカイツリーの前に電波を飛ばしていた電波とうは何ですか。
（東京タワー）

④ 首都けんのけんと同じ使い方をしている言葉を選んで〇をつけましょう。
（　）神奈川けん↓県…都道府県名のこと
（〇）当選けん内↓圏…はんいのこと
（　）入場けん　↓券…チケットのこと

⑤ 電波がとどきにくい場所がふえたのはどうしてですか。
（高そうビルがたくさん建つようになったから。）

⑥ 今までよりさらに高い電波とうを必要とするのはなぜですか。
（電波を広い地域にとどけるため。）

「～から」と同じで、理由を答える言い方だよ

説明文 東京スカイツリーのひみつ②

名前　　　月　　日

次の文章を読んで後の問いに答えましょう。

せの高いタワーがたおれず安定するためには、足もとの柱と柱とのきょりが長いほうが有利です。□、すもうをとるときには、両足を大きく開いてふんばり、たおされないようにして相手と組み合います。

東京タワーの場合、足もとに四本の大きな柱があり、真上から見ると足もとが正方形になっています。柱と柱の間のきょりは、九五メートルもあり、高さ三三三メートルのタワーを四本の柱がしっかりとささえています。

一方、東京スカイツリーは、東京タワーの二倍近くの高さがあるのですが、この細長い土地では、足もとの正方形の一辺の長さは約六〇メートルしか取れません。このきびしい条件《じょうけん》の中で、どうやって安全なタワーを建てられるのか、設計者《せっけいしゃ》たちはけんとうを重ねました。

設計者たちが、いくつものもけいを作り、話し合いを重ねたところ、足もとを正三角形にすれば一辺の長さが約六八メートルと、四角形にするよりも一辺あたり八メートル長く取れることが分かりました。それで、このタワーの足もとは世界でもめずらしい正三角形になっているのです。

瀬井 宏臣「みんなと学ぶ 小学校国語 五年上」学校図書

① せの高いタワーが安定するためにはどんなことが有利ですか。
（足もとの柱と柱とのきょりが長いこと。）

「～こと。」と答えよう

② □に入る言葉を選んで〇をつけましょう。
（　）なぜなら
（　）逆《ぎゃく》に
（〇）例えば

③ タワーの安定を説明するために何の例をあげていますか。
（すもう）

④ きびしい条件とは何ですか。正しい文を選んで〇をつけましょう。
（　）建設《けんせつ》の費用《ひよう》がかかりすぎること。
（〇）細長い土地で柱のきょりが十分にとれないこと。
（　）工事の期間があまりないこと。

⑤ 表の空いているところに、数字や言葉を入れましょう。

電波とう	高さ(m)	一辺の長さ(m)	足もとの形
東京タワー	三三三	九五	正方形
東京スカイツリー	六三四	約六八	正三角形

⑥ よく調べたり考えたりするという意味の言葉を文中からさがしましょう。
（けんとう）

説明文 東京スカイツリーのひみつ③

名前　　　月　　日

次の文章を読んで後の問いに答えましょう。

東京スカイツリーの本体は、大きく分けると、外側の「とう体」、いちばん内側にある「心柱《しんばしら》」、とう体と心柱の間の鉄骨《てっこつ》づくりの「シャフト」の三つの部分から成り立っています。

中心にある「心柱」は、鉄筋《てっきん》コンクリートでできた大きな柱のようなものですが、実は、この心柱はタワーの中でつるされていて、心柱ととう体はつながっていません。とう体の中にすきまをつくり、建物と心柱のおもりのゆれのタイミングをずらすことで、建物のゆれを小さくすることができるようにしているのです。

ところで、古い昔に建てられた、奈良《なら》の法《ほう》隆寺《りゅうじ》や日光東照宮《にっこうとうしょうぐう》などの五重のとうにも「心柱」がありますが、おどろいたことに、現在《げんざい》まで地しんでたおれた記録がありません。東京スカイツリーの心柱は、昔の建て方をヒントに、新しい技術《ぎじゅつ》でつくられているのです。

また、高いタワーを安定して建てるには、建物自体を軽くすることも重要です。いちばん外側にある「とう体」は、鉄柱をあみの目のようにふくざつに組み合わせたように見えますが、これらの一つ一つは、鉄柱ではなく中が空洞《くうどう》の鋼管《こうかん》でできています。

瀬井 宏臣「みんなと学ぶ 小学校国語 五年上」学校図書

① 東京スカイツリーの本体は何から成り立っていますか。
（外側の「とう体」）
（いちばん内側にある「心柱」）
（とう体と心柱の間の鉄骨（こつ）づくりの「シャフト」）

② 心柱は何でできていますか。
（鉄筋（きん）コンクリート）

③ 建物と心柱のおもりのゆれのタイミングをずらすとどうすることができますか。
（建物のゆれを小さくすることができる。）

④ 心柱がある、古い昔に建てられたものにはどんなものがありますか。
（奈良の法隆（りゅう）寺）や
（日光東照宮などの五重のとう）。

⑤ 問題を解《と》く手がかりという意味の言葉を文中からさがして書きましょう。
（ヒント）

⑥ 心柱とともに、高いタワーを安定して建てるのに重要なことは何ですか。
（建物自体を軽くすること。）

古典 枕草子／清少納言 ①

❶ もとの文章と、現代《げんだい》の書き方に直した文章を読んで答えましょう。

春はあけぼの。
や《よ》うや《よ》う白くなりゆく山ぎは《わ》、
すこし明《あ》かりて、紫《むらさき》だちたる
雲の細くたなびきたる。

春は、夜明け。
だんだん白くなっていく山際《やまぎわ》の空が、
ほのかに明るくなって、紫がかった雲が
細くたなびいている。

① 季節は、いつですか。（春）

② 次の言葉は、現代ではどういう意味になるでしょう。

あけぼの（夜明け）
やうやう（だんだん）
明かりて（明るくなって）

③ 春は、いつがいいといっていますか。次の中から選んで○をつけましょう。

夜明け（○）　夕ぐれ（　）

現代の書き方と
よく見比《みくら》べよう

❷ 上の文章の続きです。読んで答えましょう。

名前

月　日

夏は夜。
月のころはさらなり、
闇《やみ》もなほ《お》、
蛍《ほたる》の多く飛びちがひ《い》たる。
また、ただ一つ二つなど、
ほのかに、うち光り行《ゆ》くもを《お》かし。
雨など降《ふ》る夜もをかし。

夏は夜。
月の出ているころは言うまでもない。
やみの夜もやはり、
ほたるがたくさん飛びかっているのも、
また、ほんの一つ二つとかすかに光って
動いていくのもあじわいがある。
雨が降る夜も、あじわいがある。

① 季節は、いつですか。（夏）

② 次の言葉は、現代ではどういう意味になるでしょう。

さらなり（言うまでもない）
ほのかに（かすかに）
をかし（あじわいがある）

③ 夏は、いつがいいといっていますか。次の中から選んで○をつけましょう。

昼（　）　夜（○）

古典 枕草子／清少納言 ②

❶ もとの文章と、現代《げんだい》の書き方に直した文章を読んで答えましょう。

秋は夕暮《ゆうぐ》れ。

夕日のさして、山の端《は》いと近《ちか》うなりたるに、烏《からす》の寝《ね》どころへ行《ゆ》くとて、三《み》つ四《よ》つ、二つ三つなど、飛びいそぐさへ《え》あは《わ》れなり。まいて、雁《かり》などの列《つら》ねたるが、いと小さく見ゆるは、いとを《お》かし。

日入りはてて、風の音、虫の音《ね》など、はた言ふ《う》べきにあらず。


秋は夕暮れ。

夕日が照って、山のはしにたいそう近くなったころに、からすがねぐらへ帰ろうとして、三つ四つ、二つ三つ群れて飛びいそぐすがたまでがしみじみとしたおもむきを感じさせる。

まして、かりが連なっているのが、たいそう小さく見えるのは、ほんとうに風情《ふぜい》がある。

日がすっかりしずんでしまって、聞こえる風の音や虫の声は、これもまたなんとも言いようがない。

① 季節は、いつですか。（秋）

② 秋は、いつがいいといっていますか。次の中から選んで○をつけましょう。

早朝（　）　夕ぐれ（○）

❷ 上の文章の続きです。読んで答えましょう。

名前

月　日

冬はつとめて。

雪の降《ふ》りたるは言ふ《う》べきにあらず、霜《しも》のいと白きも、またさらでもいと寒きに、火など急ぎおこして、炭もて渡《わた》るもいとつきづきし。

昼になりて、ぬるくゆるびもていけば、火桶《ひおけ》の火も白き灰《はい》がちになりてわろし。


冬は早朝。

雪が降っている朝は言うまでもなく、霜がたいそう白い朝も、またそうでなくてもたいそう寒い朝に、火などを急いでおこして炭を持って運ぶのもたいそうにつかわしい。

昼になって、寒さがだんだんゆるんでいくと、火ばちの火も白い灰ばかりになってよくない。

① 季節は、いつですか。（冬）

② 冬は、いつがいいといっていますか。次の中から選んで○をつけましょう。

早朝（○）　夕ぐれ（　）

古典 徒然草／兼好法師

● もとの文章と、現代《げんだい》の書き方に直した文章を読んで答えましょう。

つれづれなるままに、
日暮《ひぐ》らし、すずりに向かひ①（い）て、
心にうつりゆく
よしなしごとを、
そこはかとなく書きつくれば、
あやしう《しゅう》②（お）こそ
ものぐるほしけれ。

何もすることがないまま、
一日中、すずりに向かって、
心に次々にうかんでくる
とりとめもないことを、
気ままに書いていくと
異常《いじょう》なほど
気が変になってくる。

(1) 文中の①を現代かなづかいに直します。［　］から選んで（　）に書きましょう。

［お　い］

(2) 文中の②を現代かなづかいに直します。［　］から選んで（　）に書きましょう。

［お　う］

(3) 次の部分は、現代ではどういう意味になるでしょう。

つれづれなるままに（何もすることがないまま）
心にうつりゆく（心に次々にうかんでくる）
そこはかとなく（気ままに）

(4) 次のような現代の言葉を、もとの文章ではどのように書いているでしょう。

一日中（日暮（ぐ）らし）
とりとめもないこと（よしなしごと）
異常なほど（あやしうこそ）

(5) 古典の作品とその作者を線で結びましょう。

枕草子《まくらのそうし》 ― 清少納言《せいしょうなごん》
方丈記《ほうじょうき》 ― 鴨長明《かものちょうめい》
徒然草《つれづれぐさ》 ― 兼好法師《けんこうほうし》

名前

月　日

おつかれさま！

よくがんばったね

学力の基礎をきたえどの子も伸ばす研究会

HPアドレス　http://gakuryoku.info/

常任委員長　岸本ひとみ
事務局　〒675-0032 加古川市加古川町備後 178−1−2−102 岸本ひとみ方 ☎・Fax 079−425−8781

① めざすもの

私たちは、すべての子どもたちが、日本国憲法と子どもの権利条約の精神に基づき、確かな学力の形成を通して豊かな人格の発達が保障され、民主平和の日本の主権者として成長することを願っています。しかし、発達の基盤ともいうべき学力の基礎を鍛えられないまま落ちこぼれている子どもたちが普遍化し、「荒れ」の情況があちこちで出てきています。

私たちは、「見える学力、見えない学力」を共に養うこと、すなわち、基礎の学習をやり遂げさせることと、読書やいろいろな体験を積むことを通して、子どもたちが「自信と誇りとやる気」を持てるようになると考えています。

私たちは、人格の発達が歪められている情況の中で、それを克服し、子どもたちが豊かに成長するような実践に挑戦します。

そのために、つぎのような研究と活動を進めていきます。

① 「読み・書き・計算」を基軸とした学力の基礎をきたえる実践の創造と普及。
② 豊かで確かな学力づくりと子どもを励ます指導と評価の探究。
③ 特別な力量や経験がなくても、その気になれば「いつでも・どこでも・だれでも」ができる実践の普及。
④ 子どもの発達を軸とした父母・国民・他の民間教育団体との協力、共同。

私たちの実践が、大多数の教職員や父母・国民の方々に支持され、大きな教育運動になるよう地道な努力を継続していきます。

② 会　　員

- 本会の「めざすもの」を認め、会費を納入する人は、会員になることができる。
- 会費は、年 4000 円とし、7月末までに納入すること。①または②

①郵便振替　口座番号　00920−9−319769 名　　称　学力の基礎をきたえどの子も伸ばす研究会	②ゆうちょ銀行 店番099　店名〇九九《ゼロキュウキュウ》店　当座0319769

- 特典　研究会をする場合、講師派遣の補助を受けることができる。
　　大会参加費の割引を受けることができる。
　　学力研ニュース、研究会などの案内を無料で送付してもらうことができる。
　　自分の実践を学力研ニュースなどに発表することができる。
　　研究の部会を作り、会場費などの補助を受けることができる。
　　地域サークルを作り、会場費の補助を受けることができる。

③ 活　　動

全国家庭塾連絡会と協力して以下の活動を行う。

- 全 国 大 会　全国の研究、実践の交流、深化をはかる場とし、年１回開催する。通常、夏に行う。
- 地域別集会　地域の研究、実践の交流、深化をはかる場とし、年１回開催する。
- 合宿研究会　研究、実践をさらに深化するために行う。
- 地域サークル　日常の研究、実践の交流、深化の場であり、本会の基本活動である。
　可能な限り月１回の月例会を行う。
- 全国キャラバン　地域の要請に基づいて講師派遣をする。

全 国 家 庭 塾 連 絡 会

① めざすもの

私たちは、日本国憲法と子どもの権利条約の精神に基づき、すべての子どもたちが確かな学力と豊かな人格を身につけて、わが国の主権者として成長することを願っています。しかし、わが子も含めて、能力があるにもかかわらず、必要な学力が身につかないままになっている子どもたちがたくさんいることに心を痛めています。

私たちは学力研が追究している教育活動に学びながら、「全国家庭塾連絡会」を結成しました。

この会は、わが子に家庭学習の習慣化を促すことを主な活動内容とする家庭塾運動の交流と普及を目的としています。

私たちの試みが、多くの父母や教職員、市民の方々に支持され、地域に根ざした大きな運動になるよう学力研と連携しながら努力を継続していきます。

② 会　　員

本会の「めざすもの」を認め、会費を納入する人は会員になれる。
会費は年額 1500 円とし（団体加入は年額 3000 円）、7月末までに納入する。
会員は会報や連絡交流会の案内、学力研集会の情報などをもらえる。

事務局　〒564-0041　大阪府吹田市泉町４−29−13　影浦邦子方　☎・Fax 06−6380−0420
郵便振替　口座番号　00900−1−109969　　名称　全国家庭塾連絡会

国語習熟プリント　小学５年生　大判サイズ

2020年７月30日　発行

著　者　松井　憲三

編　集　金井　敬之

発行者　面屋　　洋

企　画　フォーラム・A

発行所　清風堂書店
〒530-0057　大阪市北区曽根崎２-11-16
TEL 06-6316-1460／FAX 06-6365-5607
振替　00920-6-119910

制作編集担当　樫内　真名生　☆☆
表紙デザイン　ウエナカデザイン事務所　4032